ANALYSE DES CHOSES

ÉDITION FRANÇAISE

PHYSIOLOGIE TRANSCENDANTALE

ANALYSE DES CHOSES

ESSAI

SUR LA SCIENCE FUTURE

SON INFLUENCE CERTAINE SUR LES RELIGIONS, LES PHILOSOPHIES LES SCIENCES ET LES ARTS

PAR

le Dr Paul GIBIER
Ancien interne des Hôpitaux de Paris,
Aide-naturaliste au Muséum d'histoire naturelle, Officier d'académie,
Chevalier de la Légion d'honneur, etc.

« Que celui dont l'esprit ne s'est pas encore élevé au-dessus des choses vulgaires passe son chemin : ceci n'a pas été écrit pour lui. »

E. D.

PHILADELPHIE
B. Lippincott Co
Édition anglaise.

PARIS
Dentu, éditeur
(Palais-Royal).

MADRID
Fuentes y Capdeville
Édition espagnole.

A TOUS CEUX QUI CHERCHENT LA VÉRITÉ

Je dédie ce livre.

INTRODUCTION

L'accueil favorable fait au travail que j'ai publié en 1886 sur certaines expériences de psychologie (1); les lettres pleines d'encouragements que j'ai reçues d'un grand nombre de savants ou de penseurs éminents, au sujet de cet ouvrage, m'engagent à continuer mon œuvre et à publier cette nouvelle étude.

Le livre auquel je fais allusion a été traduit en plusieurs langues; sa deuxième édition, qui a paru récemment, a été, comme la première,

(1) *Spiritisme* ou *Fakirisme occidental*. O. Doin, éditeur, Paris.

favorablement accueillie du Public et de la Presse : autant de raisons qui me font persévérer.

D'autres expérimentateurs ont constaté les mêmes faits que moi. Je citerai notamment M. de Rochas, commandant du génie, ancien élève de l'École polytechnique, dont le livre : *Les forces non définies*, a fait une grande sensation dans le monde scientifique.

Aucune de mes expériences n'a été sérieusement discutée et encore moins contredite par d'autres expériences, bien au contraire, je l'ai dit. Je les considère donc comme acquises, et on ne devra pas s'étonner si dans cet Essai je néglige absolument les précautions oratoires préliminaires avec lesquelles jadis je m'excusais presque d'oser écrire sur un tel sujet. Dorénavant j'irai simplement au fait ou à l'hypothèse sans m'occuper des retardataires. Que ceux-ci tâchent de voir et de s'instruire : ils comprendront alors ce qui va suivre.

Je n'ai d'ailleurs nullement la prétention de

présenter dans ce mémoire beaucoup de faits inouïs et de pensées inédites : « Il n'y a rien de neuf sous le soleil », et puis, comme le fait dire Gœthe à Méphistophélès : « Il faudrait être un sot ou un ignorant pour s'imaginer avoir une idée qu'aucun homme n'ait eue avant. » Mais je crois faire œuvre utile en essayant de montrer, entre autres choses, à quel degré de connaissance de nous-mêmes nous a conduit la Physiologie expérimentale au point de vue psychique, et en donnant une idée de la voie que suivra la Physiologie psychologique à venir, telle que je la conçois. Cette science de demain, qui renouera le fil interrompu de la connaissance antique, va nous faire pénétrer bien plus avant dans l'étude de la vie. Il est même permis d'entrevoir qu'elle nous conduira, aussi loin que pourront respectivement nous le permettre nos intelligences *commatérielles*, dans le domaine de la mort, ou plutôt de ce que j'appellerai l'*après-vie*.

Malgré l'arrêt rendu par certains adeptes de la Philosophie positive, l'homme ne saurait se résoudre à abandonner la recherche des causes premières et des causes finales. Si la mystérieuse Isis nous dit que aucun mortel n'a encore soulevé son voile :

ΤΟΝ ΕΜΟΝ ΠΕΠΛΟΝ ΟΥΔΕΙΣ ΠΩ
ΘΝΗΤΟΣ ΑΠΕΚΑΛΥΨΕΝ.

Cela ne signifie pas qu'on ne pourra jamais le soulever et semble être plutôt une provocation, un défi jeté à l'esprit avide de connaître.

Paris et New-York 1890.

PREMIÈRE PARTIE

ÉTUDE DU MACROCOSME

CHAPITRE PREMIER

VUE D'ENSEMBLE SUR LES CHOSES

SOMMAIRE : Marche à suivre dans l'examen des choses. — Étude du Macrocosme. — Cataclysmes périodiques. — Déplacement des eaux et des glaces d'un hémisphère à l'autre. — Déluges. — Comparaison de l'Hémisphère sud avec l'Hémisphère nord. — Couches alternatives de fossiles marins séparées par des fossiles de la vie aérienne. — Qu'est-ce que la Matière ? — L'atome inétendu. — L'énergie. — Loi de conservation de la matière. — L'atome est un élément fluidique. — Pénétrabilité de la matière. — Mouvements prodigieusement actifs des molécules. — Atomes tourbillons. — L'Univers tend vers le repos absolu. — D'après de nombreux savants modernes, l'analyse philosophique, aidée de l'expérience, démontre que la matière n'est que de l'*énergie compactée* en forme transitoire. *L'illusion la plus forte s'appelle réalité*.

Le frontispice de ce livre porte en lettres majeures ces mots : *Analyse des Choses*. C'est là un titre bien vaste et qui pourrait paraître prétentieux pour un aussi petit volume. Je vais cependant faire de mon mieux pour le justifier et tâcher d'esquisser une analyse succincte de l'Univers, dont nous sommes partie.

Que celui qui ne sentit jamais l'angoisse des grands problèmes de la vie et de la mort et dont l'esprit ne s'est pas encore élevé au-dessus des choses vulgaires passe son chemin : ceci n'a pas été écrit pour lui.

Ce n'est pas non plus pour ceux qui bornent la Science au cadre de leur savoir que ces pages ont été tracées, mais bien pour ceux qui cherchent encore plus haut — *excelsior* — et se demandent pourquoi ils sont sur cette planète et par quelle force ils y ont été amenés. Je prie ces derniers, sous les yeux de qui ceci peut se trouver en ce moment, de vouloir bien concentrer un instant leur pensée, de l'isoler autant que possible des objets extérieurs, de l'ab-matérialiser pour ainsi dire, car elle seule est assez rapide pour faire le voyage que nous devons entreprendre.

Voici d'abord l'itinéraire que nous allons suivre : Après nous être soustraits par la pensée à l'action de la pesanteur, afin de nous libérer de la servitude qui nous lie à la Terre, nous suivrons celle-ci avec les yeux de l'esprit et nous examinerons en peu de temps sa surface. Nous prendrons ensuite une parcelle de la substance dont elle est formée et nous essayerons d'en pénétrer la constitution ; nous partirons de l'atome en un mot et, par degrés énormes, nous tenterons d'escalader les hauteurs de l'immensité, afin d'obtenir, s'il est permis, une idée du MACROCOSME.

Puis, redescendant sur notre planétosphère, nous y chercherons le MICROCOSME et nous en ferons l'anatomie et la physiologie comparées. Comparées à celles de son modèle.

Dans notre titanesque excursion à travers l'Éther profond des Cieux, nous nous reposerons un instant dans un point de l'Espace sans bornes pour y chercher le troisième Principe, le troisième « Être réel » qui avec la *Matière* et l'*Énergie* constitue l'*Univers animé*.

La recherche de ce Principe chez l'homme, la démonstration de son indépendance et de sa persistance hors de la matière feront l'objet principal de notre étude.

* * *

On sait que, se basant sur la forme des Océans et des terres et aussi, à ce qu'ils assurent, sur certaines traditions secrètes, certaine histoire occulte, quelques savants (ils ne sont pas tous à l'Institut) prétendent que chaque période terrienne de vingt-cinq mille et quelque cents ans, déterminée par le phénomène astronomique connu sous le nom de *précession des équinoxes*, voit s'accomplir le plus effrayant des cataclysmes. Effrayant pour la gent qui vit et se meut sur cette petite sphère s'entend, car, ainsi qu'on le pense bien, l'accident passe sans doute à peu près inaperçu de nos plus proches voisins comme les Jupitériens ou les Marsiens, s'ils ne sont pas plus avancés que nous en optique astronomique.

Par suite du changement d'inclinaison de l'axe des pôles, la Terre se présenterait en face de son grand magnet le Soleil, de manière à déplacer son propre centre d'attraction qui d'un côté de l'équateur terrestre passerait à quelque distance sur le côté opposé.

Ceci aurait pour conséquence ou pour effet de déterminer un déplacement des eaux qui ont, en raison de leur fluidité, une tendance naturelle à s'écouler du côté où elles sont le plus attirées (témoin le phénomène des marées).

Si cela était tout, peut-être n'y aurait-il pas grand, grand mal, mais le niveau des eaux diminuant aussi bien au pôle soulevé qu'autre part, la calotte immense de glace qui le recouvre se brise, n'étant plus soutenue par les eaux. Ces glaces, dont l'épaisseur n'est pas moindre de quarante ou cinquante kilomètres, accumulées à l'Arctique ou à l'Antarctique d'où les eaux se retirent, se déplacent tout à coup et une épouvantable débâcle s'ensuit : des blocs de glace, larges comme des empires, épais comme plusieurs Himalayas entassés les uns sur les autres, se précipitent, chassent les eaux, s'entraînent et roulent avec elles, rabotant les continents, et transportant au loin des montagnes de roches que l'homme plus tard appellera erratiques. L'eau salée submerge tout, excepté quelques hauts plateaux et certains sommets. Puis, quand le grand silence s'est fait sur les anciens continents, désormais ensevelis avec tout ce qu'ils portaient, au fond de l'amer Océan, de nouvelles terres ont surgi, toutes fangeuses, couvertes de limon salé et d'herbes inconnues. Pareilles à des monstres marins sortant tout à coup, après une tempête, du sein des ondes troublées, hideux et glauques ; elles se montrent ainsi à la face de la lumière étonnée.

Ces terres vaseuses, nouvellement émergées, viennent s'offrir à la vue des hommes échappés au fléau dont ils gardent traditionnellement le souvenir en des histoires de déluges que l'on retrouve dans les livres sacrés à l'origine des anciennes religions.

« Jetez les yeux sur le globe terrestre, disent les partisans de cette théorie diluvienne, et jugez combien l'hémisphère sud diffère du septentrional : dans ce dernier, vous ne voyez que terres ; au sud, au contraire, les eaux dominent ; elles y sont toutes, en quelque sorte, accumulées. Les hauts plateaux, les sommets des régions montagneuses, sous forme d'îles, s'y trouvent en abondance. De plus, tous les continents : les deux Amériques, l'Afrique, l'Inde, les grandes presqu'îles indo-chinoises se terminent en pointe vers l'hémisphère où les eaux se sont retirées. Qu'est devenue et qu'est-ce cette Atlantide dont le souvenir s'est transmis à travers les âges et qu'a illustrée Platon, sinon un continent ainsi englouti ?

« Qu'indiquent, ajoutent-ils, ces couches alternatives et superposées de fossiles marins, puis telluriens, puis marins encore que nous trouvons sous le sol de nos champs et même sur nos montagnes, sinon que le soleil a éclairé au niveau du même point l'Océan et le continent habités ? »

Mais laissons là ce sujet peu important en soi à

notre point de vue : notre pensée flotte librement et dégagée de tout lien matériel au-dessus de la surface terrestre, au-dessus de ces glaçons gigantesques qui s'entrechoquent et tonnent et remplissent l'air d'écume et de poussière neigeuse, au-dessus de ces continents qui s'engouffrent, avec la vie qu'ils portent, dans les noirs abîmes des nouveaux océans : nous n'avons que craindre les grands cataclysmes périodiques. Qu'importe un déluge de plus ou de moins : cela ne saurait nous troubler dans notre recherche de l'absolu, et nous comprenons très bien Archimède, ravi en pensée aux choses qui l'environnaient, impavide, se laissant tuer par l'anthropomorphe dont le fer meurtrier mit fin à son extase scientifique.

Commençons donc notre étude du macrocosme.

* * *

L'analyse philosophique, la théorie atomique aussi bien que celle des équivalents chimiques, toutes deux déduites des proportions déterminées et constantes que l'on constate dans les combinaisons des corps entre eux, nous induisent à considérer la matière comme étant composée d'éléments extrêmement ténus, groupés en différents modes, les uns avec les autres : on donne le nom de *molécules* à ces éléments. Mais l'analyse va plus loin : ces molécules, si petites qu'on puisse les imaginer, sont composées elles-mêmes d'une foule d'autres éléments « indivisibles », comme leur nom l'indique; ces éléments de la molécule sont les *atomes*.

Si à cette question : « Qu'est-ce que la matière? » on répondait : « C'est une chose que nous pouvons voir et toucher; elle est formée de parties élémentaires qui, en tant que matière, n'existent pas, » il m'est avis que plus d'un homme serait bien surpris d'entendre une semblable définition. Et cependant c'est ce que soutiennent des personnages éminents, tout ce qu'il y a de plus éminent, partisans de la théorie dite de *l'atome inétendu*.

Je ne sais pas au juste si cette idée a été discutée par les anciens philosophes grecs, mais on la trouve exprimée symboliquement dans les philosophies indoues. En tous cas, vers le milieu du dernier siècle, elle avait été présentée par le P. Boscowich. Des savants, comme Ampère, Faraday, Cauchy, etc., et des philosophes : Dugald-Steward, Victor Cousin, Vacherot (*Revue des Deux Mondes*, août 1876), etc., se sont faits les champions convaincus de l'idée de l'atome inétendu, qu'il ne faut pas confondre avec la théorie soutenue par Hume, Berkeley, Hamilton, Stuart Mill, Coyteux, entre autres, et suivant laquelle rien n'existe. Gorgias, le célèbre sophiste de Léontium, avait enseigné cette doctrine du *rien n'existe* plus de 400 ans avant notre ère.

Que serait l'atome, alors? Une fiction mathématique? Non du tout, mais les éléments de la matière paraissent être *uns* et semblables pour tous les corps : les alchimistes cherchaient et cherchent encore la transmutation des métaux en s'appuyant sur cette idée. De plus, il se pourrait qu'à ce point *force* et *matière* se rencontrâssent et se confondîssent : c'est là un sujet sur lequel nous allons revenir.

Quoi qu'il en soit, en vertu de la grande *loi de la conservation de la matière* que Lavoisier a définitivement établie, malgré ses mouvements, ses migrations perpétuels, l'atome ne change ni ne se détruit : il est indestructible et invariable. Il n'est qu'un élément fluidique, cyclique, giratoire du fluide universel dont la matière est formée (Helmholtz, William Thomson, Tait, etc...)

L'énergie qui *anime* les atomes d'un mouvement si rapide que l'imagination ne peut s'en faire une idée. Serait-elle donc l'agent réel qui fixe la molécule et celle-ci ne représenterait-elle autre chose que de l'énergie *compactée?* Théorie pure!... Toujours est-il que les physiciens sont aujourd'hui d'accord pour considérer les corps les plus denses comme ne représentant qu'*en apparence* une surface continue. Exemple : la sphère d'argent creuse soudée hermétiquement et renfermant de l'eau. Si on frappe cette boule avec un marteau sur une enclume, l'eau s'échappe par tous les *pores* du métal à chaque coup de marteau et vient perler à sa surface (expérience des académiciens de Florence). D'autres faits nous démontrent que l'idée d'impénétrabilité de la matière des corps est absolument fausse. Sans parler du mélange d'une partie d'alcool et d'une partie d'eau qui donne un volume total inférieur aux deux volumes primitifs des deux liquides séparés — car il peut y avoir là une variété de combinaison, — les faits persistants de pénétrabilité produits sous l'influence de la *force psychique* — tel qu'un anneau de verre et un anneau d'ivoire qui se trouvent brusquement engagés l'un dans l'autre sans trace de solution de continuité, — ces faits, dis-je, démontrent surabondamment non seulement la pénétrabilité des corps, mais leur *démolécularisation* et leur reconstitution possibles *ad integrum* sous l'influence de certaines forces dont la Science « de tout à l'heure » va faire un des objets principaux de ses investigations.

Le volume des molécules peut être tout au plus évalué par millioniémes de millimètres, et même, en tenant compte de l'espace relativement considérable qui les sépare, c'est encore par trillions, quintillions, sextillions qu'il faut les compter dans un millimètre cube.

Elles sont dans un état continuel d'agitation, de projection, de chocs violents, d'attractions, de répulsions énergiques dont le mouvement brownien des particules microscopiques n'est sans doute qu'un pâle reflet. On se forme une idée de leur effrayant tourbillon lorsqu'on voit que dans l'hydrogène, à la pression et à la température ordinaire, les molécules de ce gaz sont animées d'une vitesse d'environ 2,000 mètres par seconde (Joule) et que chacune subit de la part de ses voisines environ 17 milliards de chocs dans le même temps (Clausius, Maxwell, Boltzmann). « C'est le bombardement opéré par cette multitude de petits projectiles contre la paroi enveloppante qui constitue la tension des gaz, » dit M. E. Jouffret, dans un remarquable travail, où l'on trouve, sur la constitution de la matière, de nombreux et clairs développements, savamment exposés. (*Introduction à l'étude de l'Énergie*) (1).

Chaque molécule, formée d'une multitude d'*atomes-tourbillons*, est considérée aujourd'hui par certains savants, ainsi qu'elle l'était jadis par les initiés de l'Inde et de l'Égypte, comme un système planétaire « avec toutes ses complications de mouvements et de vie », vie dirigée, selon les *pandits* de l'Inde actuelle, par des intelligences élémentaires inférieures (élémentals). Les corps, qui sont des agglomérations de molécules, seraient ainsi les analogues des voies lactées et des nébuleuses résolubles.

En résumé, si nous prenons une particule microscopique de matière quelconque, en la divisant par la pensée plusieurs milliers de fois, nous arriverons à obtenir une molécule qui ne pourrait être aperçue avec nos plus puissants microscopes que si leur pouvoir grossissant était accru mille fois environ. Et cette molécule n'est elle-même qu'une agglomération d'atomes que l'on peut considérer comme des tourbillons, des cercles d'énergie produisant par leurs *mouvements* variés les apparences diverses de la matière telle que nous la percevons. Une parcelle de dynamite où l'on a accumulé une énorme quan-

(1) E. Jouffret, Paris, 1883. (Gauthier-Villars, éditeur.)

tité d'*énergie mécanique* peut être présentée comme une image grossière de la molécule considérée selon les théories les plus savantes, en comparant l'énergie *mécanique* de la dynamite à l'énergie *compactée* dans la matière, et les gaz, condensés indirectement par les manipulations chimiques dans la dynamite, à l'*Éther* agencé sous forme d'atomes dans la molécule. La matière ne serait donc qu'une apparence de l'énergie.

En présence de cette analyse de la matière et des résultats auxquels elle conduit, ne serait-on pas autorisé à admettre avec Hume, Berkeley, Hamilton, Stuart Mill, Coyteux, etc., que rien n'existe réellement? Oui, s'il n'y avait que matière et énergie (force) dans le monde, car l'énergie elle-même, ainsi qu'on le verra plus loin, tend, non à disparaître, mais à se reposer « au septième jour » et de dynamique à devenir purement potentielle. En d'autres termes, l'Univers tend vers le repos absolu.

* * *

Au moment de terminer cette étude sommaire qui, pourtant, nous a fait plonger par la pensée dans les profondeurs de l'infiniment petit, formulons notre opinion. Malgré le trouble que peuvent jeter dans l'esprit les conclusions actuelles de la science sur la constitution de la matière, je ne pense pas que nous devions adopter la théorie dont il vient d'être parlé et selon laquelle rien n'existe. Nous sommes néanmoins obligés de conclure, en face de ces analyses qui nous montrent les choses si différentes de ce que nous les concevons d'habitude, que nous sommes incessamment trompés par l'apparence des objets. En sorte que, vu l'imperfection de nos sens, on peut avancer, comme une sorte d'axiome, que *l'illusion la plus forte est ce que nous appelons réalité.*

CHAPITRE II

SOMMAIRE : Enchaînement général des choses. — La science des anciens était vaste et profonde; les découvertes modernes le démontrent. — Ce pourquoi ils ne la divulguaient pas. — De la nécessité d'élever sa pensée pour avoir une idée plus juste des choses. — Ce que l'auteur entend par *Zone lucide*. — Principe et conséquences de l'*indépendance de l'absolu*. — Opinion de Laplace. — Matérialisation de l'énergie. — Origine des Mondes. — Formation des soleils, des planètes. — Idées de Laplace sur la pluralité des mondes habités. — Fin des Mondes. — La *nuit de Brahma*. — Que devient la conscience de l'homme parmi les ruines de l'Univers ? — L'homme, cellule du Grand-Être. — Vitesse de translation des étoiles dites fixes.

Le lecteur ne doit pas être surpris si, avant d'aborder l'étude de l'homme et l'analyse de son essence, l'auteur a cru devoir donner une idée du grand Tout dans lequel chacune des molécules, chacun des atomes dont il vient d'être question sont, depuis le grain de sable jusqu'aux soleils immenses, reliés, enchaînés les uns aux autres par des liens dont l'œil ne saisit pas les invisibles fils, mais que la pensée devine et conçoit.

Dans cette étude des choses, les anciens sont nos maîtres, on ne saurait trop leur rendre cette justice. Les découvertes de la Science moderne ne nous mettent-elles pas à même de comprendre nettement chaque jour maints passages de leurs écrits dont la génération qui nous a précédé ne pouvait qu'entrevoir le sens ? L'analyse spectrale, par exemple, nous montrant l'analogie de composition existant entre les étoiles — ces soleils qui éclairent et vivifient des myriades de terres — et notre soleil ; cette même analyse nous faisant toucher du doigt, pour ainsi dire, l'identité de composition de ce dernier et de notre terre, dont elle indique du même coup l'origine, ne nous donne-t-elle pas l'explication de ces vers de Lysis, disciple de Pythagore, vers connus sous le nom de *vers dorés* des Pythagoriciens (1) :

> Tu sauras, si le Ciel le veut, que la Nature
> Semblable en toute chose est la même en tout lieu ?

Nous devons donc, à la lueur du flambeau de la science moderne, chercher à nous éclairer sur les

(1) Traduction de Fabre d'Olivet.

symboles hiéroglyphiques de la science antique qui nous sont parvenus. Pourquoi tous les anciens écrivains sacrés (païens, judéo-chrétiens, etc.) ont-ils mis tant de complaisance et d'harmonie à répéter que « Dieu fit l'homme à son image » ou que « l'homme est un microcosme », ce qui au point de vue hermétique signifie exactement la même chose? C'est que la plupart de ces écrivains, versés dans une science que le commun des hommes ne mérite sans doute pas encore de connaître, avaient surpris l'analogie de composition de l'homme et de l'Univers ; ils avaient appris expérimentalement que les éléments de la « tétrade sacrée » se retrouvent dans l'homme. Ils n'avaient point attendu F. Bacon pour inventer la méthode expérimentale, mais ils n'ont pas jeté à tous les vents les secrets qu'ils arrachaient à la nature : *sacré*, pour eux, signifiait ce que le vulgaire ne devait pas savoir ; mais comme ils n'ont pas voulu que leurs découvertes fussent perdues, ils les ont signalées dans des expressions obscures, ils les ont voilées sous des figures symboliques pouvant servir de guides à la mémoire de leurs disciples ou d'éveil à l'intelligence de l'observateur non vulgaire et bon dans lequel ils devaient revivre un jour.

Non, pour comprendre l'essence de la vie, il n'est

pas inutile de faire l'examen comparé de l'Univers et de l'homme, du Macrocosme et du Microcosme.

Et puis, on ne peut avoir certaines conceptions claires des choses qu'en élevant son âme au-dessus des opérations ordinaires de la pensée d'où naissent, le plus souvent, les préjugés, les idées erronées, les illusions sur ce qui nous entoure. Il est nécessaire de soustraire, au moins momentanément, son esprit au cadre étroit dans lequel il vit quotidiennement et aux exiguës dimensions duquel il n'a que trop de tendance à se mouler. La conception de la nature de l'homme est de celles-là.

* * *

Spinoza a dit qu'il faut toujours envisager les choses sous un caractère d'*éternité*. J'irai plus loin, et je soutiens qu'il faut s'apprendre à *tout* considérer en position de relation avec l'*espace* et le *temps*, avec l'*immensité* et l'*éternité*. Combien de *grands* événements, de *hautes* situations nous paraîtraient minuscules si nous les soumettions au calcul de cette règle de proportion ! Mais c'est une opération qui n'est pas à la portée de tout le monde ; *non licet omnibus*.....

Une autre condition qu'il importe aussi de ne pas négliger, c'est de se guérir de cet orgueil qui accompagne trop souvent une mauvaise éducation scientifique et une instruction spécialisée, incomplète, comme on en rencontre tant de cas de nos jours. Nombre de personnes, très éclairées sur un petit point spécial de nos connaissances, se croient permis de prononcer arbitrairement sur toutes choses, sont prêtes à repousser toute nouveauté qui choque leurs idées et souvent par cette seule raison (qu'elles ne s'avouent pas toujours à elles-mêmes) *que, si cela était, elles ne pourraient pas ne pas le savoir !* J'ai, pour ma part, rencontré fréquemment ce genre de suffisance chez des hommes que leur instruction, leur studiosité auraient dû préserver de cette fâcheuse infirmité morale, s'ils n'eussent été des *spécialistes*, s'en tenant à leur spécialité. Signe d'infériorité relative que se croire supérieur !

Enfin, le nombre des intelligences atteintes de *lacunes* est plus grand qu'on ne le croit communément. De même que quelques individus sont complètement réfractaires à l'étude de la musique, des mathématiques, etc., beaucoup d'autres se voient interdites certaines « scrutations » de la pensée. Tels qui se sont distingués dans n'importe quelle classe des occupations humaines : dans la médecine ou l'épicerie, dans la littérature ou l'art de faire les draps, auraient, selon toute probabilité, piteusement échoué s'ils avaient choisi — comme tant d'autres qui encombrent le monde — une carrière située en dehors de ce que je nommerai leur *zone lucide* par comparaison avec l'action de ces réflecteurs qui, dans la nuit, portent la lumière dans une zone de faisceaux lumineux hors desquels il n'y a plus qu'ombre et incertitude. Tout être humain possède sa zone lucide dont l'étendue, la portée et l'éclat varient pour chaque individu.

Il est des choses qui sont en dehors de la *conceptivité* de certaines intelligences : elles sont en dehors de leur zone lucide.

Inutile d'insister davantage : quelque critique mal disposé pourrait reconnaître son cas dans ces observations et m'accuser, par représaille, d'avoir moi-même choisi un sujet en dehors de ma propre zone. Veuillent les Dieux me préserver d'un semblable malheur !

* * *

Dégageant notre pensée des profondeurs atomiques de la matière où nous l'avons plongée, si nous la reportons dans l'espace et que nous envisagions le Macrocosme dans l'immensité, nous verrons que la comparaison de la molécule à la nébuleuse ne manque pas de justesse. Nous ne connaissons pas les lois des mouvements moléculaires, et si nous sommes plus familiers avec celles qui gouvernent les planètes de notre système, nous ne possédons pas davantage les lois des mouvements stellaires. Mais rien n'empêche de supposer que, vu la *loi de l'indépendance de l'absolu*, les mouvements de la molécule, telle que nous la concevons, ne soient comparables à ceux des étoiles et de leurs planètes : les proportions du temps d'évolution de la molécule devant, bien entendu, être ramenées à celles de l'espace dans lequel elle évolue. Et s'il existait des êtres intelligents sur ces petites masses, planètes « interatomiques », ayant leurs dimensions proportionnées à leur « terre », ils ne percevraient pas davantage les mouvements si rapides de celle-ci que nous ne percevons ceux de la nôtre, qui nous entraîne cependant à travers l'espace avec une vitesse d'environ 30 kilomètres par seconde ; leur vie, qui serait aussi courte que la pensée la plus rapide, se passerait peut-être en occupations relativement aussi nombreuses et aussi longues que les nôtres, sinon aussi futiles qu'elles le sont trop généralement ; et ils trouveraient le *temps aussi long* que nous, et leur orgueil pour la grandeur de leurs œuvres ne le céderait, sans doute, en rien à celui des hommes..... et serait tout aussi légitime.

Ce principe de l'indépendance de l'absolu avait nettement été saisi par Laplace, ainsi que le prouve ce passage de son *Exposition du système du monde* : « Une de ses propriétés remarquables (de l'attraction), écrit-il, est que si les dimensions de tous les corps de l'Univers, leurs distances mutuelles et leurs vitesses venaient à croitre ou à décroître proportionnellement, ils décriraient des courbes entièrement semblables à celles qu'ils décrivent, en sorte que l'Univers offrirait toujours la même apparence à ses observateurs. Ces apparences sont par conséquent indépendantes du mouvement absolu qu'il peut avoir dans l'espace. La simplicité des lois de la nature ne nous permet donc d'observer et de connaître que des rapports. »

Interrogeons maintenant ces autres molécules de l'infini, les étoiles, les soleils bleus, blancs, noirs (il y en a sans doute : ceux qui sont éteints ; les planètes sont des parcelles de soleils refroidies), les soleils rouges, les étoiles jaunes, les constellations, les nébuleuses, les voies lactées (ces amas d'étoiles) et parmi elles notre soleil, séparées seulement par des distances de quelques millions de lieues : c'est pourquoi vues de notre terre elles semblent confondues. Demandons-leur comment elles se sont formées.

Regardez les comètes, nous diront ces géants des plaines célestes, elles ne sont rien autre que de la « matière cosmique » qui *se cherche* et s'accumule pour aller plus tard, dans un point de l'infini, former un nouveau monde solaire. A cet état, l'énergie prenant la forme d'atomes pour se confédérer en molécules n'est pas encore sortie complètement de l'état potentiel ; mais qu'un seul point se *matérialise*, et toutes les molécules nouvelles vont se précipiter sur ce point, et l'*énergie se retrouvant sous sa nouvelle forme* (la matière), elle passera à l'état dynamique. Les pluies de molécules se multiplieront ; les points d'énergie matérialisée se précipiteront les uns sur les autres en développant une telle quantité de chaleur qu'ils se volatiliseront ; et ainsi se forment les soleils qui gyrent dans les cieux. De ces soleils en fusion s'échappent des masses annulaires volatilisées qui se refroidissent dans l'espace où elles vont se perdre. Se perdre ? Non, car elles sont retenues par l'attraction (ou — « *quam ego attractionem appello* » — ce que j'appelle attraction, dit Newton), par l'attraction de leur soleil dont elles deviennent les planètes. Voilà ce que nous diront les étoiles.

C'est ainsi « que la gravité, par une vaste et lente opération de cristallisation dont l'astronome contemple avec émotion le progrès dans les profondeurs de l'espace, devait condenser petit à petit la matière alors prodigieusement dilatée et la façonner en systèmes stellaires, solaires et planétaires. » (E. Jouffret.)

Maintenant ajoutons que la vie existe toujours à toutes les périodes sur les soleils et leurs planètes, elle s'adapte au milieu, voilà tout. Est-il permis de croire que la vie ne puisse se manifester sur telle ou telle planète, parce qu'elle se trouve plus froide ou plus chaude que la nôtre, plus ou moins rapprochée ou éloignée de son soleil ? Ecoutons la réponse : « Le Soleil faisant éclore, par l'action bienfaisante de sa lumière et de sa chaleur les animaux et les plantes qui couvrent la terre, nous jugeons par analogie qu'il produit des effets semblables sur les autres planètes ; car il n'est pas naturel de penser que la matière, dont nous voyons l'activité se développer en tant de façons, soit stérile sur une aussi grosse planète que Jupiter, qui, comme le globe terrestre, a ses jours, ses nuits et ses années, et sur lequel les observateurs indiquent des changements qui supposent des forces très actives. Cependant, ce serait donner trop d'extension à l'analogie d'en conclure la similitude des habitants des planètes aux habitants de la terre. L'homme fait pour la température dont il jouit et pour l'élément qu'il respire ne pourrait pas, selon toute apparence, vivre sur les autres planètes. Mais ne doit-il pas y avoir une infinité d'organisations relatives aux diverses constitutions des globes de cet Univers ? Si la seule différence des éléments et des climats met tant de variété dans les productions terrestres, combien plus doivent différer celles des diverses planètes et de leurs satellites ? L'imagination la plus active ne peut s'en former aucune idée ; mais leur existence est très vraisemblable. » (Laplace, *Essai sur les Probabilités*).

Après qu'elle nous a fait assister à la formation des systèmes, à la genèse des mondes, il est permis de demander à la Science ce que doit devenir tout ce mouvement, toute cette agitation ? Je laisse encore la parole à de plus autorisés en cette question : « D'après un calcul d'Helmholtz, le système solaire, dit M. E. Jouffret, ne posséderait plus que la 454e partie de l'énergie transformable qu'il avait lorsqu'il était à l'état de nébuleuse. Bien que ce résidu constitue encore un approvisionnement dont l'énormité confond notre imagination, il sera un jour dépensé aussi. Plus tard la transformation sera accomplie pour l'univers entier, et il finira par s'établir un équilibre général de température comme de pression.

« L'énergie ne sera plus alors susceptible de transformation. Ce sera non pas le néant, mot vide de sens, non pas l'immobilité proprement dite, puisque la même somme d'énergie existera toujours sous forme de mouvements atomiques, mais l'absence de tout mouvement sensible, de toute différence et de toute tendance, c'est-à-dire la mort absolue.

« Les planètes ne circuleront même plus autour de soleils éteints. Des agglomérations successives se seront produites, ayant développé à chaque fois une immense chaleur (1) et pu rouvrir une période vitale plus ou moins longue ; ayant créé des systèmes

(1) Si la Lune tombait sur la Terre (dont elle se rapproche insensiblement) la chaleur développée par le choc formidable qui résulterait de cette rencontre serait plus que suffisante pour amener la fusion des deux astres et produire une étoile qui brillerait, pendant un certain temps, d'un éclat inusité pour les habitants des planètes de notre système, s'il en restait pour observer ce « signe dans le ciel ». (Note de l'auteur).

solaires de plus en plus gigantesques, mais de moins en moins nombreux ; ayant abouti enfin à tout réunir en une seule masse qui, après avoir tourné bien longtemps sur elle-même, finira par devenir immobile relativement à l'espace environnant : masse désormais homogène, insensible, immuable, dont rien ne troublera plus l'effrayant repos.

« Tel est, étant admise la permanence des lois qui régissent aujourd'hui la Nature et le raisonnement, l'état vers lequel converge l'Univers...

« Laplace, trompé par le calcul, n'a pas soupçonné cet écroulement final. »

« Et l'ange... jura qu'il n'y aurait plus de temps désormais. »
(*Apocalypse*, chap. X, v. 5, 6.)

Telle est la destinée du Monde : comme tout être vivant, il a passé par l'état embryonnaire, il a eu son enfance, son adolescence et son âge mur ; la décrépitude de la vieillesse commence.

Telles sont, du moins, les conclusions de la science moderne avec sa connaissance des deux éléments « qui sont placés aux deux angles inférieurs du triangle », j'entends la matière et la force ou énergie.

Fait intéressant à constater : les brahmes et les pandits (savants philosophes) de l'Orient ont depuis des milliers d'années une cosmogonie identique : dans leur langage symbolique, ils appellent cet « écroulement final » des sphères, cet arrêt de l'Univers *au point mort*, « la nuit de Brahma », la nuit pendant les siècles innombrables de laquelle, après avoir tout réabsorbé en Lui, les dieux et les choses, l' « Ancien des jours » se repose en se contemplant lui-même dans son Parabrahm Éternel !

Et que devient l'homme au milieu de tout ce fracas des astres se volatilisant sous le choc des uns sur les autres ; que devient la Conscience de l'être et quel sort l'attend ? La science n'en est pas encore à s'occuper de cela, mais, forcément, il va falloir qu'elle s'en inquiète, car les manifestations de cette conscience dans l'*après-vie* recommencent à appeler notre attention, à réclamer notre examen.

* * *

L'homme est là, pauvre être fini, au milieu de cet espace qui n'a pas de limites, ni en hauteur, ni en profondeur, ni nulle part ; faible s'il tremble, aussi fort que le monde s'il l'a compris et se résigne à être une cellule du Grand Être ! Il peut, lui borné, concevoir ce qui n'a pas de bornes ; il observe depuis plusieurs mille ans des étoiles qui ne paraissent pas changer de place ; les figures de la sphère céleste restent les mêmes... et pourtant les instruments que son génie a su inventer lui permettent de calculer, par exemple, que ces étoiles, dites fixes, s'éloignent ou s'approchent de lui avec des vitesses de 20, 30, 35 kilomètres et plus par seconde ! Dix, vingt, trente fois plus rapides qu'une balle au sortir du canon d'un fusil. Tel Sirius, entre autres, qui, situé à 39 trillions de lieues de la terre, s'en éloigne à raison de 700,000 lieues par jour, comme le montre l'analyse spectroscopique de ce soleil.

Et l'homme apprend à ne pas s'étonner : son esprit se dilate jusqu'à ces mondes inaccessibles à la vue ordinaire. En un éclair de pensée il les visite. Il rentre ensuite en lui, et s'il sait ne point concevoir un fol orgueil de cette ascension glorieuse, il devient dieu lui-même !

Il peut apprendre aussi les risques qu'il court en tant qu'émanation matérielle de la planète sur laquelle il parcourt vertigineusement l'espace : cela ne saurait le troubler s'il connaît... Mais n'anticipons pas. Retournons à la surface de la sphère terrestre, cherchons-y le Microcosme, et voyons ce que la science moderne nous enseigne à son sujet.

DEUXIÈME PARTIE

ÉTUDE DU MICROCOSME

CHAPITRE PREMIER

SOMMAIRE : Aperçu des connaissances que la physiologie nous a données sur nous-mêmes jusqu'à ce jour, au point de vue psychique. — Doctrine physico-chimique. — Doctrine animiste, vitaliste. — Doctrine matérialiste moderne. — Opinion de Claude Bernard sur la matière vivante. — Opinion de différents médecins, savants, etc. — La vie, l'intelligence sont-elles de simples propriétés de la matière ? — Vie organique, animale, intellectuelle. — Marche de l'influx nerveux. — Vitesse de l'onde nerveuse dans les nerfs. — La pathologie montre que la volonté ni la conscience n'ont de siège exclusif dans l'un ou l'autre hémisphère cérébral. — Opinions modernes sur les propriétés des cellules nerveuses. — Les idées ne sont-elles que de minuscules décharges électriques produites par les cellules nerveuses ? — Rôle de la *méthode* positive.

Il n'entre pas dans le plan de la présente étude de faire l'historique des théories diverses émises au sujet des phénomènes qui président à l'entretien des fonctions de la matière organisée, c'est-à-dire à la vie. Je suppose les anciennes doctrines physico-chimique, animiste, vitaliste ou stahliste, etc., connues du lecteur. Rappelons que, d'une part, les uns ne voulaient voir dans la vie qu'un ensemble particulier de phénomènes régis par les lois de la physique et de la chimie, tandis que les autres, les animistes, la considéraient comme la manifestation toute-puissante de l'âme (Stahl) ou d'une archée inférieure (Basile Valentin, Van Helmont, etc.). Cette chose immatérielle, suivant les animistes, est le grand *deus ex machina* de la vie : c'est elle qui veille au bon fonctionnement des cellules, préside aux sécrétions et règle en un mot tous les actes de la vie organique, l'intelligence ou la partie intellectuelle de l'âme se tenant au-dessus du tout.

Malgré les tendances matérialistes de notre époque, on n'a pas adopté les idées chimiatriques des anciens matérialistes qui confondaient la biologie avec la chimie et la physique, mais on s'est arrêté à une hypothèse quasi éclectique qui ne me paraît pas destinée à satisfaire longtemps les esprits même les moins difficiles. *La vie*, a-t-on dit en résumé, *est une propriété particulière à la matière organisée*, pourvu que cette dernière soit placée dans certaines conditions favorables. La vie ne représenterait ainsi qu'une qualité spéciale de la matière quand celle-ci est « organisée », comme le volume, le poids, etc., sont des propriétés de la matière en général.

Cependant, le plus grand physiologiste du siècle, Claude Bernard, a dit que par elle-même la matière organisée, *même la matière vivante est inerte*, « en ce sens qu'elle doit être considérée comme dépourvue de toute spontanéité ». Mais il ajoute que cette matière vivante peut entrer en activité et manifester ses propriétés spéciales de vie sous l'influence d'une excitation, car cette matière est « irritable ».

Si nous admettons, avec l'illustre et regretté physiologiste du Collège de France et du Muséum d'histoire naturelle, que la matière vivante soit inerte quand elle n'est pas irritée, tandis qu'elle manifeste ses propriétés particulières sous l'influence d'une excitation, nous sommes autorisés à émettre cette hypothèse qu'il peut bien exister un agent excitant de la matière vivante en dehors et peut-être indépendant de celle-ci. Et si cet agent d'irritation, c'est-à-dire de vie, est en dehors de cette matière, on ne peut dire que la vie, ou ce qui produit les manifestations de la vie telle que nous la montrent nos sens, soit une propriété de la substance organisée vivante.

Mais n'est-ce pas jouer sur les mots que s'exprimer ainsi? Ne pourrait-on pas opposer à Claude Bernard ses propres expériences? N'aurait-on pas le droit de lui objecter que si la matière organisée vivante était inerte et demandait un excitant extérieur pour manifester ses propriétés, on ne comprendrait pas que la cellule hépatique continuât, ainsi qu'il l'a démontré, à sécréter du sucre longtemps après que le foie a été séparé du corps? Nous verrons plus loin comment avec les lumières de la science nouvelle, qui n'entend nullement dédaigner les découvertes antérieures, on arrive enfin à une solution satisfaisante.

Les principales théories émises sur la vie viennent d'être très rapidement esquissées; nous allons bientôt voir quelles sont les idées dites scientifiques régnant généralement de nos jours sur l'intelligence.

Je dois dire que je n'ai pas rencontré toujours d'idées bien nettes parmi les savants (médecins, physiologistes, biologistes, etc.), que je n'ai jamais manqué d'interroger sur ce sujet à chaque fois qu'il m'a été possible d'en faire naître l'occasion.

Quelques-uns, en Allemagne surtout, n'ont pas hésité à me répondre que, suivant eux, la vie et même l'intelligence ne sont que des propriétés particulières de la matière qui, en perfectionnant son organisation sous l'influence des lois de l'évolution (Hœckel), tend à produire des phénomènes (que nous appelons vitaux) de plus en plus complexes. Ces lois se seraient, à un moment du temps, organisées, polarisées, si l'on préfère, de la manière que nous observons en ce moment et sur ce point de l'espace, et tout arbitrairement si on considère seulement le point de départ, l'origine de l'état actuel, car lui ne serait que la conséquence d'autres états antérieurs.

En France, plusieurs médecins distingués, notamment un illustre pathologiste des centres nerveux, m'ont fait des réponses analogues; mais le plus grand nombre des savants à qui je me suis adressé m'ont répondu de manière à me prouver que les *attachements* de leur spécialité ne leur laissaient pas le loisir de méditer et de faire le choix d'une opinion sur ce point. Il en a été de même en Espagne, dans l'île de Cuba, où l'on rencontre un bon nombre d'hommes cultivés, et dans l'Amérique du Nord.

Mais pour aller droit au fait et, en résumé, dans les sciences, aujourd'hui la tendance dominante est de considérer la vie et l'intelligence comme des manifestations ou mieux des propriétés de la matière vivante; propriétés essentiellement transitoires ainsi que la substance même qui, en quelque sorte, les sécréterait : « Le cerveau sécrète la pensée comme le rein sécrète l'urine, » a dit un profond penseur germain!

Toutefois, je me hâte de dire que si telle est l'opinion la plus répandue (parmi ceux qui paraissent avoir une opinion), une minorité imposante professe, soit *in petto*, soit ouvertement, des opinions spiritualistes variées, ou bien, sans souci des discussions physico-métaphysiques, se berçant dans un doute indifférent ou quiétiste, répète avec Montaigne : « Que sais-je? »

J'ajouterai qu'un revirement sensible est en train de se faire, et je ne crains pas d'assurer que le mouvement spiritualiste s'accentue de plus en plus, surtout dans la partie éclairée de la jeune génération. Après la publication de mon ouvrage sur les phénomènes psychiques, peut-être m'est-il permis de dire, à propos de ce mouvement : *Cujus pars parva fui?*

* * *

Sans prétendre exposer en quelques lignes les acquisitions de l'analyse et de l'observation psychologiques, je vais néanmoins tâcher de présenter sommairement les données de la science positive sur les principales fonctions psycho-nerveuses, dans la mesure nécessaire aux fins du présent travail.

Les fonctions du système nerveux dans l'entretien de la vie organique sont encore très obscures. Si l'anatomie et l'histologie de l'appareil ganglionnaire sont assez bien étudiées, il n'en est pas tout à fait de même de sa physiologie. Il est évident que le rôle du système nerveux dans la vie organique est des plus importants; mais quelle est la part jouée par les différentes parties de ce système? Les ganglions sympathiques sont-ils centres ou seulement appareils de renforcement, de suppléance?..... Ce qu'il y a de certain, c'est que le grand sympathique, agent principal incontesté de la vie végétative, transmet très rapidement à la périphérie les impressions centrales qui agitent l'organe de l'intelligence : témoin, pour ne citer qu'un fait, la rapidité avec laquelle nos visages se couvrent de rougeur ou de pâleur selon la nature et la force des impressions reçues. Dans ce cas, les nerfs sympathiques entrent en jeu, après excitation reçue du centre intellectuel, en dilatant ou en contractant les artérioles de la face.

Les expériences de suggestion hypnotique, où l'on voit, par exemple, l'idée suggérée d'un vésicatoire produire une bulle de sérosité sur le point désigné de la peau du sujet, montrent sous un nouveau jour l'étroite intimité qui unit le système nerveux central de l'idéation aux nerfs de la vie organique ; mais actuellement la science vulgaire est incapable de nous montrer autre chose qu'un certain nombre de *comment* ou d'effets dans les actes de la vie organique, mais (comme en beaucoup d'autres cas) pas un seul *pourquoi* ou une seule cause primitive.

Au point de vue de la vie animale, parmi les agents vitaux ou excitateurs de la matière vivante, on est parvenu dans une certaine mesure à analyser celui qui détermine le phénomène du mouvement conscient volontaire que je vais prendre comme exemple. Ainsi, dans le fait de fléchir un doigt : on sait, ou plutôt on présume, que le premier temps de cet acte se passe dans la couche corticale des cellules grises de la partie antérieure des lobes cérébraux (volition). Les cellules nerveuses de la couche corticale envoient l'*excitation* à travers les fibres blanches de la couronne rayonnante (fibres s'entrecroisant en grande partie dans le corps calleux) aux noyaux centraux de l'hémisphère opposé, et ceux-ci par les fibres centrifuges ou par un mouvement rétrograde, si l'on préfère, renvoient l'*influx* aux cellules de la substance grise des circonvolutions dans le point de localisation correspondant aux mouvements du membre supérieur (tiers supérieur de la circonvolution frontale ascendante et moitié antérieure du lobule paracentral, à cheval sur la scissure de Rolando). De ce dernier point, le *fluide nerveux* qui doit *exciter* les fibres musculaires de l'avant-bras à entrer en contraction repasse sans doute par les noyaux centraux pour de là descendre dans la moelle allongée, la moelle épinière et les nerfs du plexus brachial jusqu'aux muscles fléchisseurs placés à l'avant-bras et dont un faisceau, en se contractant, amène la flexion du doigt qu'on cherche à mettre en mouvement.

L'expérience a permis à Helmholtz de calculer la vitesse du fluide dont je parlais tout à l'heure : le courant nerveux, ou l'onde vibratoire nerveuse, parcourt les nerfs avec une vitesse de 28 à 30 mètres à la seconde. En d'autres termes, une excitation produite à la naissance d'un nerf moteur, s'il avait une longueur de 30 mètres, mettrait une seconde à faire contracter les muscles situés à l'autre extrémité de ce nerf. Il en serait de même, bien entendu, pour un nerf sensitif ; seulement l'onde ou courant nerveux suivrait une marche inverse, c'est-à-dire centripète. Comme on le voit, c'est une vitesse peu considérable, surtout si on la compare à celle de l'électricité.

Ce qui semble indiquer que les différents mouvements de l'énergie nerveuse, dans ce cas particulier, doivent suivre la voie que j'ai décrite dans le cerveau, en partant d'un *centre volitif*, c'est qu'un homme atteint d'une paralysie de la moitié du corps (hémiplégie), tout en étant incapable de faire agir les centres moteurs cérébraux détruits, possède encore la faculté de *vouloir* le mouvement des membres qu'il essaye en vain de faire agir. Ce fait permet de supposer que la volonté a son siège indépendant et qu'elle n'est pas localisée plus spécialement dans un hémisphère central que dans l'autre. Il en est de même de la conscience.

* * *

Les organes centraux du cerveau seraient (toujours d'après la théorie actuelle) non pas les instruments d'une intelligence agissant par leur intermédiaire, mais bien *aptes par eux-mêmes*, par le simple effet de leur nutrition et sans excitation qui leur soit extérieure, à dégager des forces qui agissent sur les fibres. C'est ce qu'on a désigné sous le nom d'*automatisme des centres nerveux*. Quant aux « phénomènes dits de *volonté*, ils ne sont sans doute qu'une forme compliquée d'actes réflexes ». La *mémoire* ne serait qu'un effet du « pouvoir qu'ont les globules nerveux de conserver certaines excitations pour ne les laisser se manifester qu'à un moment donné ».

On voit par l'analyse de la théorie qu'on vient de lire, théorie que je trouve dans le livre de physiologie actuellement le plus populaire en France parmi les étudiants en médecine (1), que l'intelligence et ses manifestations sont bien implicitement considérées comme des propriétés de la matière organisée sous forme de cellules nerveuses.

Ces cellules nerveuses, selon Rosenthal, sont douées au point de vue de leurs fonctions de quatre propriétés :

1° Elles peuvent être spontanément le siège d'une auto-excitation, c'est-à-dire sans intervention de causes extérieures;

2° Elles peuvent transmettre l'excitation à une autre cellule nerveuse à laquelle elles sont reliées par des fibres également nerveuses (substance blanche);

3° Elles peuvent percevoir une excitation et la transformer en sensation;

4° Elles sont capables de supprimer une excitation existante.

A ces quatre propriétés, un jeune philosophe et littérateur cubain, M. Varona, en ajoute une cin-

(1) *Cours de physiologie*, d'après l'enseignement du professeur Küss, par le Dr MATHIAS-DUVAL. Paris, 1879.

quième qui peut être considérée comme une amplification de la première de Rosenthal : « les globules nerveux sont aptes à renouveler spontanément ou par causes purement intérieures une sensation reçue antérieurement ».

Les *idées* seraient des combinaisons de ces propriétés et se composeraient uniquement d'éléments sensitifs et moteurs. Et toutes ces sensations, les idées, les pensées ne seraient que des mouvements se passant au sein de la substance nerveuse, mouvements de l'ordre électrique provenant de faibles décharges des éléments moteurs et sensoriels du substratum anatomique. (Hughlings Jackson.) Les expériences de du Bois-Reymond sur l'intervention de l'électricité dans les phénomènes nerveux semblent appuyer cette théorie ingénieuse.

On ne peut méconnaître que les phénomènes psychiques *secondaires* aux actes de compréhension, de conception ou de volition se passent *comme s'ils étaient produits* par une force de la catégorie électrique ; toutefois il est nécessaire de faire remarquer que si le courant nerveux parcourant les nerfs détermine (par le fait d'une modification moléculaire hypothétique) un changement de direction à l'aiguille d'un galvanomètre ultra-sensible, il ne se comporte cependant pas, au point de vue de la vitesse tout au moins, comme le fait le courant électrique ordinaire. Mais cette question est tout au plus secondaire, car en admettant connu le courant centripète ou centrifuge qui suit les cordons nerveux, je ne crois pas que les théories dont je tâche de donner en ce moment une idée puissent satisfaire pleinement même leurs propres défenseurs actuels, en ce qui concerne la *cause première intérieure* des phénomènes psychiques.

On nous montre bien, dans cet appareil supposé électrique, la sonnerie et son mécanisme, le timbre et son battant, le ressort et l'électro-aimant; nous disséquons, en passant par la pile cérébro-spinale, les fils conducteurs semblables aux cylindres-axes métalliques qu'on isole dans les appareils comme avec un névrilème de soie ou de gomme; on nous fait entendre le son que rend l'appareil, et même sentir le fluide, mais nous n'apercevons pas le doigt invisible qui amène le contact et ferme le courant grâce auquel la machine fonctionne.

Quelque soin que nous prenions d'examiner le système nerveux et particulièrement le cerveau, rien ne vient appuyer les théories diverses imaginées en faveur de la matière ou de l'esprit. C'est ce que fait observer, dans son remarquable travail, M. Varona que je citais plus haut : « En contemplant, dit-il, cette masse globuleuse si pleine d'anfractuosités, sillonnée par ces scissures diverses, du poids de deux à trois livres, grise par places, blanchâtre ailleurs, j'ai toujours éprouvé la plus grande impression d'étonnement dont je me crois capable. Il m'a semblé voir la grande énigme de la psychologie surgir devant moi, et la vanité de toutes les solutions m'est apparue éclairée de la lumière la plus vive.

« La physiologie ne me fait découvrir, dans ce grand centre, ni d'autres tissus, ni d'autres éléments, ni d'autres courants, ni d'autres fonctions que celles déjà connues. Tout ce que l'examen le plus minutieux met en relief, c'est une différence de structure peu importante en soi. Et, cependant, le monde merveilleux de l'intelligence et de l'imagination, les grandeurs et les misères du sentiment, les héroïsmes et les défaillances de la volonté : tout ce qu'est l'homme, tout ce qui élève et ravale à la fois l'humanité, tout est là (1)! »

C'est par ces considérations philosophiques qui

(1) Enrique Jose Varona. *Conferencias filosoficas. Psicologia.* Havana, 1888.

résument le sentiment d'un psychologue distingué de l'école positiviste moderne que je terminerai ce chapitre. Ce n'est pas ici le lieu d'analyser et de discuter la doctrine positive actuelle et les opinions de ses défenseurs dont intentionnellement je ne cite qu'un des plus jeunes, bien que nombre de documents superbes mériteraient d'être examinés. Je dirai seulement que s'il est un sujet d'orgueil pour l'esprit humain, c'est de voir à quelle hauteur de sentiments, à quelle pénétration de vue sont parvenus des hommes à qui, pour se guider dans le labyrinthe inextricable de la physiologie cérébrale, le fil d'Ariane de la grande expérimentation psychologique a manqué jusqu'à ces derniers temps. Mais une ère nouvelle commence; les esprits préparés par la *méthode* de l'école positive vont pouvoir s'avancer bien plus sûrement que dans le passé sur le terrain vraiment psychologique qui sollicite de nouveau nos investigations. Quelques positivistes retardataires résisteront encore pendant un certain temps, mais le *positivisme* en corps ira de l'avant maintenant qu'il a déblayé le terrain.

Chacun remplit son rôle à sa manière dans le concert des choses : tel qui dépense un talent consciencieux à soutenir une doctrine erronée, n'est parfois qu'un agent inconscient des desseins de la Providence ; au lieu d'occulter la vérité comme elles semblaient devoir le faire, ses œuvres servent souvent à en préparer les voies, à en assurer le triomphe.

CHAPITRE II

Sommaire : Rôle futur de la physiologie expérimentale dans l'étude de l'essence de la vie, de l'éther vital. — Le physiologiste-psychologue en devra poursuivre l'étude jusqu'après la mort. — Matière et Énergie admises comme deux éléments constitutifs distincts de l'Univers. — Si dans l'Univers il n'y a que matière et énergie, la conscience doit s'éteindre avec la *mort*, cette *dernière fonction du corps*. — Mais il y a un troisième élément ou principe. — Ancienneté des matérialismes comme des spiritualismes. — Opinion de Salomon, de Moïse, des sectes bouddhistes orientales. — Passage des *Ruines* de Volney. — Panthéisme. — Nirvâna. — Néant. — Causes qui font que les philosophes ne sont pas d'accord. — Tous s'entendront un jour, au moins sur des idées primordiales, grâce à la science expérimentale.

Nous avons vu dans le chapitre précédent que, jusqu'à ce jour, les études physiologiques classiques n'ont encore rien appris sur la nature réelle de la vie. Les temps sont arrivés où le physiologiste-psychologue, possédant derrière lui un acquis sérieux de connaissances positives, doit imprimer à ses recherches une direction plus audacieuse. Quittant le champ de la vie borné par la mort, il lui faudra analyser ce dernier phénomène, cette *ultime fonction* du corps, et expérimentalement étudier, comme les hiérophantes antiques ses prédécesseurs, ses maîtres en cette matière, les propriétés de l'*éther vital*, de l'*akasa nerveux*. Mais avant d'aller plus loin sur ce sujet que nous essayerons d'approfondir ensemble, le lecteur me permettra de placer devant ses yeux quelques notes et réflexions préliminaires indispensables.

Si nous acceptons les conclusions naturelles de la théorie suivant laquelle les manifestations de la vie en général, et celles de l'intelligence en particulier, ne seraient que la mise en action de *certaines propriétés de la matière organisée*, nous devons admettre qu'au moment de la mort tout rentre dans le néant, ce nirvâna du matérialisme.

En acceptant avec la science moderne qu'au même titre que la matière *un autre être réel*, étudié sous le nom d'Énergie, constitue un *élément de* l'*Univers* (1), on ne change pas, par cela, les résultats

(1) E. JOUFFRET, *op. cit.*

de l'analyse. En effet, si nous nous en tenons à l'existence exclusive de la matière dont les propriétés changeraient avec ses aspects, ses différents *groupements moléculaires*, nous admettrons qu'au moment de la mort les propriétés de la substance organisée disparaissent en même temps que survient ce changement d'état caractérisé par la cessation de la vie : la matière organisée vivante arrivée comme matière à son *acmé évolutif* de *complexité* est entraînée brusquement, nouveau rocher de Sisyphe, sur la pente qu'elle vient de gravir et où elle décrit une courbe descendante de plus en plus rapide vers l'état inorganique d'où elle est partie. Dans ses stages successifs, ses propriétés se modifient avec ses changements d'états sur le cycle éternel figuré dans l'Ouroboros symbolique des anciens savants.

Mais nous serons-nous avancés beaucoup vers la solution du problème si nous admettons l'existence autonome de l'*énergie* « comme être réel, élément constituant de l'Univers » ? Je ne le pense pas : l'énergie coexiste à côté de la matière, soit. Comme la matière, qui, de l'état cosmique ou radiant (W. Crookes), passe aux formes gazeuse, liquide, solide et à leurs combinaisons infinies, l'énergie devient lumière, mouvement, chaleur, magnétisme, électricité, suivant le mode d'après lequel elle agit sur la matière ou s'unit avec elle. Associée à la substance organisée, l'énergie se transformerait en vie, en intelligence, etc. Et de même que la matière en mouvement tend au repos par suite de ce qu'on appelle en mécanique la *dégradation de l'Énergie* et perd son *énergie dynamique*, de même la matière organisée vivante, sous l'influence d'une loi analogue à celle de la dégradation, perdrait, elle aussi, son énergie dynamique, c'est-à-dire *vitale*, qui, ainsi que l'élément mouvement dont il vient d'être parlé, retournerait au grand réservoir commun de l'*énergie potentielle* où, comme nous l'avons vu, tendent pour « la fin des temps » toutes les forces de l'Univers : ce serait toujours l'*anéantissement immédiat* pour la conscience ; ce serait, comme on dit encore (sans savoir exactement pourquoi), le retour à l'Inconscient (1).

* * *

Je prie le lecteur de prêter toute son attention à ce qui précède, car nous reprendrons ensemble ultérieu-

(1) Sans doute d'après cette définition de « Dieu » tirée d'un texte sanscrit : « Ce qu'il est, Lui seul le sait, et peut-être ne le sait-il pas. »

rement l'étude de cette question. Il verra que si nous pouvons concevoir, à la rigueur, que matière et énergie, à l'origine, ne fassent qu'un, les phénomènes psychiques sur lesquels j'appellerai son attention nous mettent dans la nécessité de reconnaître un troisième principe qui s'adjoint à la dualité MATIÈRE-ÉNERGIE pour donner une des formes de cette Trinité que l'on trouve à la base de tous les systèmes religieux ésotériques, c'est-à-dire scientifiques, de l'antiquité. De tous temps comme de nos jours, c'est cette Trinité que ceux qui ont rempli le rôle de médiateurs entre le ciel et la terre ont consciemment ou inconsciemment revêtue de symboles variés. Et c'est ainsi que la nature est offerte à l'adoration des hommes.

Je prévois déjà les objections que l'on va m'opposer ; on me reprochera sans doute de copier Pythagore et son maître Phérécyde, à qui Hérodote, à mots couverts, et Cicéron, sans ménagements, reprochent d'avoir plagié les systèmes indo-égyptiens et de se les être appropriés. Sur ce point, je prie le lecteur de se reporter à ce qui a été écrit dans l'introduction de cet ouvrage.

Et, de plus, est-ce là une objection sérieuse que de dire : « Ce n'est pas nouveau ? » Les doctrines matérialistes en vogue aujourd'hui sous les noms de mécanicisme ou de positivisme, qui presque toutes conduisent au néantisme, sont-elles donc si nouvelles ? Pas le moins du monde : toutes ces différentes doctrines sont aussi vieilles les unes que les autres. N'est-ce pas une pensée néantiste ou nihiliste qui inspirait Salomon quand il écrivait : « Qui sait si l'esprit de l'homme monte dans les régions supérieures ? Pour moi, méditant sur la condition des hommes, j'ai vu qu'elle était la même que celle des animaux. Leur fin est la même ; l'homme périt comme l'animal ; ce qui reste de l'un n'est pas plus que ce qui reste de l'autre ; *tout est néant.* » (*Ecclés.* ch. III, v. 117 et suiv.)

Cela semble aussi avoir été l'opinion de Moïse, car dans les écrits que la critique moderne lui attribue il n'est nullement fait mention de l'âme en tant qu'entité survivant à la destruction du corps.

De la part de Salomon, ce doute (car il s'exprime comme s'il doutait) n'a rien qui puisse surprendre : malgré sa réputation de sagesse, le fils de David ne semble pas avoir été précisément un adepte de la « sagesse » antique. Mais on peut s'étonner de voir Moïse, qui était un hiérophante des temples de Thèbes et d'Héliopolis garder le silence sur ce point. Un homme de cette envergure doit évidemment avoir été guidé par une raison supérieure pour agir ainsi, et ce n'est pas moi qui me permettrai de critiquer les actes de ce génie véritablement divin qui sut conduire et maintenir, comme si elle eût tenu dans sa main, une tourbe de barbares, rebut d'une populace qu'on chassait d'Égypte dans le temps qu'une disette sévissait dans ce pays surchargé alors d'étrangers (ainsi que le rapporte Diodore de Sicile, lib. XXXIV et XD), et en faire un corps de nation dont la longévité, due aux institutions qu'il lui a imposées, étonne encore le monde après plusieurs milliers d'années.

Si nous allons plus loin vers l'orient, nous trouvons l'annihilation, l'anéantissement des parties dans le tout, présentés sous un aspect attrayant et désirable sous le nom de *Nirvâna*. L'Église bouddhiste du Sud surtout paraît avoir adopté pour *credo* (si on en croit ceux qui ont pu s'entretenir avec le pape Summangala) ces paroles attribuées à Bouddha, et que de Volney, dans ses *Ruines*, met dans la bouche de savants religieux chinois et siamois :

« Voici la *doctrine intérieure* que Fôt (Bouddha) lui-même, au lit de mort, a révélée à ses disciples :

« Toutes ces opinions théologiques, a-t-il dit, ne sont que des chimères ; tous ces récits de la nature des dieux, de leurs actions, de leur vie, ne sont que des allégories, des emblèmes mythologiques sous lesquels sont enveloppées des idées ingénieuses de morale et la connaissance des opérations de la nature dans le jeu des éléments et la marche des astres.

« La vérité est que *tout se réduit au néant;* que tout est illusion, apparence, songe; que la *métempsychose morale* n'est que le sens figuré de la *métempsychose physique*, de ce *mouvement successif* par lequel les éléments d'un *même corps* qui ne périssent point passent, quand il se dissout, dans d'autres *milieux* et forment d'autres combinaisons. L'*âme* n'est que le *principe vital* qui résulte des *propriétés de la matière* (ceci a été écrit en 1820, 7e édition) et du jeu des éléments dans les corps, où ils créent un *mouvement spontané.* Supposer que ce *produit* du jeu des organes, né avec eux, endormi avec eux, subsiste quand ils ne sont plus, c'est un roman peut-être agréable, mais réellement chimérique, de l'imagination abusée. *Dieu* lui-même n'est autre chose que le *principe moteur*, que la *force occulte répandue dans les êtres, que la somme de leurs lois et de leurs propriétés*, que le *principe animant*, en un mot *l'âme de l'univers*, laquelle, à raison de l'infinie variété de ses rapports et de ses opérations, considérée tantôt comme *simple* et tantôt comme *multiple*, tantôt comme *active* et tantôt comme *passive*, a toujours présenté à l'esprit humain une *énigme insoluble*. Tout ce qu'il peut y comprendre de plus clair, c'est que la matière ne périt point; qu'elle possède essentiellement des propriétés par lesquelles le *monde* est régi comme un *être vivant* et organisé; que la connaissance de ces *lois*, par rapport à l'homme, est ce qui constitue la *sagesse*; que la *vertu* et le *mérite* résident dans leur *observation*, et *le mal*, *le péché*, *le vice*, dans leur *ignorance* et leur infraction; que le *bonheur* et le *malheur* en sont le résultat par la même *nécessité* qui fait que les choses *pesantes descendent*, que les légères s'élèvent, et par une fatalité de causes et d'effets dont la chaîne remonte depuis le dernier atome jusqu'aux astres les plus élevés. Voilà ce qu'a révélé au lit du trépas notre Bouddha Somona Goutama. »

Nous savons aujourd'hui de bonne source que la doctrine qui vient d'être si brillamment énoncée en aussi peu de phrases constitue l'hermétisme de nombre de sectes orientales; mais je ne crois pas me tromper en disant que de Volney dans cette magnifique tirade a dévoilé ses propres sentiments. Quoi qu'il en soit, les conceptions, et les expressions aussi, sont exactement les mêmes que celles qu'on trouve aujourd'hui dans l'exposé de doctrines philosophiques que certains modernes s'imaginent peut-être avoir inventées.

Sans parler des philosophes grecs, je pourrais écrire un volume entier de citations semblables prouvant la haute antiquité des doctrines matérialistes, mais il faut savoir se borner.

L'annihilation à laquelle en fin de compte les différentes philosophies ou théosophies font terminer *plus ou moins tôt ou plus ou moins tard* la destinée de la conscience humaine n'est qu'une conséquence du Panthéïsme, auquel on aboutit toujours quand on commence à raisonner en prenant pour bases et pour guides non les sentiments du moment, mais les données scientifiques positives et assises.

Il ne faudrait pas repousser une théorie uniquement parce qu'elle est contraire à nos aspirations; les choses sont loin de se passer toujours au gré de nos désirs. Exemples : Nous désirons ne jamais devenir malades, et nous souffrons ; ne jamais veillir, et nous tombons dans la décrépitude ; ne jamais mourir, et aucun de nous n'échappe à la mort; et ainsi de suite. Et si, comme le pensait Candide, tout est pour le mieux... peut-être est-il nécessaire et bon que tous ces désagréments nous arrivent ainsi que d'autres que nous voudrions pouvoir éviter ! Je me souviens que lorsque j'étais enfant, je m'irritais quand on me disait que mon grand-père n'avait pas toujours été vieux et blanchi et que je deviendrais comme lui un jour « si Dieu me prêtait vie ».

Le panthéisme était la grande doctrine hermétique des anciens laboratoires et instituts (temples). Si nous en croyons Strabon, voici, à ce sujet, quelles étaient les idées de Moïse dont je parlais plus haut. D'après ce géographe grec, le grand législateur du peuple hébreu professait un pur panthéisme. Au surplus, eut-il écrit (s'il l'a écrit) « Dieu fit l'homme à son image » s'il avait été autre chose? Strabon dit ceci (Géog. lib. XVI) : « Moïse, qui fut un des prêtres égyptiens, enseigna que c'était une erreur monstreuse de représenter la divinité sous les formes des animaux, comme faisaient les Egyptiens, ou sous les traits de l'homme, ainsi que le pratiquent les Grecs et les Africains : *Cela seul est la divinité, disait-il, qui compose le ciel, la terre et tous les êtres, ce que nous appelons le monde, l'universalité des choses, la nature...* C'est pourquoi Moïse voulut qu'on adorât cette divinité sans emblème et sous sa propre nature..... »

Virgile a dit aussi : « L'esprit entretient la vie des êtres, et l'âme (du monde) répandue dans ses vastes membres agite sa masse (*mens agitat molem*) et ne fait qu'un corps immense. »

* * *

Donc il est et demeure acquis que des esprits profonds et subtils dont le génie ne le cède en rien aux penseurs du temps présent ont discuté entre eux sur les mêmes points obscurs au sujet desquels on discute encore de nos jours, et cela pour la même raison immanente : les philosophes de tous les âges ont fait observer que dès l'instant que les homme discutent sur des objets placés hors de portée de leurs sens, chacun d'eux juge de ces objets selon les caprices ou les tendances de son esprit, ou, comme on dit, avec son sentiment ; tandis qu'ils finissent toujours par tomber d'accord dans leur prononcé s'ils ont à connaître des choses qui peuvent être soumises à leur sens. Mais la science a marché : des découvertes merveilleuses ont vu la lumière, et d'admirables et précieux instruments vont nous permettre d'entreprendre avec la certitude de la science expérimentale des études que nos aïeux, sauf de rares initiatiques exceptions, ne pouvaient guère aborder qu'à l'aide de la méthode *a priori*.

Les philosophes seront bien près de modifier et de fusionner leurs opinions le jour où ils mettront en évidence et étudieront, *avec leurs sens et leurs instruments*, le troisième principe auquel j'ai fait allusion plus haut (ou, au moins, ses manifestations), le troisième terme du trinôme dont ils étudient déjà deux expressions sous les noms de *matière et d'énergie*.

A ce moment, on verra, — ce qui peut paraître paradoxal tout d'abord — on verra que spiritualistes et matérialistes poursuivant honnêtement, quoique dans une voie différente, la recherche de la vérité, ne sont peut-être pas si loin de s'entendre qu'on le croirait en principe. Comme ces travailleurs qui percent les tunnels et vont « à la lumière » divisés en deux camps, attaquant chacun un des flancs opposés de la montagne, et se rencontrent un jour à point nommé, ainsi les différentes sectes philosophiques, bien qu'antagonistes, seront par la chute du voile qui les sépare réunies dans une communion d'idées primordiales et fécondes.

Nous verrons par la suite de ce travail que cette opinion s'appuie sur une autre base qu'un « roman, peut-être agréable, mais réellement chimérique de l'imagination abusée ».

TROISIÈME PARTIE

RECHERCHE

DU

TROISIÈME ÉLÉMENT DE L'UNIVERS

ET DE L'HOMME

CHAPITRE PREMIER

Sommaire : Étude comparée du Microcosme et du Macrocosme. — Deux éléments similaires incontestés chez l'un et chez l'autre. — La matière du corps humain est la même que la matière ambiante. — Nous sommes les petits-fils du Soleil. — Les forces du corps humain sont empruntées à l'énergie universelle. — En tant que matière et énergie l'homme est éternel. — Méthode pour la recherche du troisième élément par le raisonnement. — C'est en lui-même que l'homme trouve l'explication de l'Univers. — Il y a de l'intelligence dans le monde. — Intelligence. — Énergie. — Matière. — Un dilemme infranchissable. — Arguments tirés des lésions cérébrales en faveur des idées matérialistes. — Arguments spécieux. — L'expérimentation peut seule faire l'accord. — Y aurait-il des preuves matérielles de l'existence de l'âme?

Après avoir présenté un tableau succinct de la constitution de l'Univers et de l'homme selon les données de la science vulgaire, le moment est arrivé de faire une étude comparée du Cosmos dans l'univers et dans l'homme pour rechercher les ressemblances ou les analogies qui peuvent se rencontrer dans l'un et dans l'autre.

Nous avons vu que, dans le Macrocosme, il est deux choses auxquelles on reconnaît une existence incontestable, à savoir la matière et l'énergie, tout en admettant que la première ne soit qu'une apparence ou mieux une émanation de la seconde.

D'autre part, chez l'homme, les physiologistes de l'École actuelle qui ne paraissent pas avoir tenu compte de ce qui précède, n'ont voulu voir dans les manifestations de la vie et même de l'intelligence que des *propriétés de la matière.*

Il importe avant tout de fixer un point : il est bien entendu que la matière entrant dans la composition du corps humain est absolument la même que la matière ambiante : aucun élément chimique ne se rencontre dans le corps de l'homme qu'on ne trouve dans le sol qui nous nourrit, dans le « limon » dont nous sommes formés. Ainsi que je l'ai dit plus haut : le corps de l'homme est une émanation matérielle de la planète sur laquelle il fait la traversée de l'espace (1). Comment voudrait-on que cette matière se

(1) La terre provenant d'où l'on sait, on peut dire qu'à plus d'un point de vue nous sommes les enfants du Soleil. Les Incas et les autres peuples qui se disaient fils de cet astre avaient peut-être reçu à l'origine et d'une manière symbolique la connaissance de ces notions.

comportât autrement que l'autre et qu'elle eût des propriétés distinctes?

Il est donc important d'établir, en principe, que les mouvements exécutés par l'homme, sa chaleur animale, la circulation de son sang et de son fluide nerveux, les vibrations de sa matière cérébrale, etc., ne sont nullement des propriétés de la matière dont il est formé, mais des modes de l'énergie universelle se manifestant suivant les fins de la vie par l'entremise de la matière agencée moléculairement d'une manière spéciale pour cet objet.

On a pris le sujet pour l'objet comme on a pris le soleil pour le satellite, le luminaire de la terre; et il serait plus juste de dire : *la matière est une propriété de l'énergie*, que d'avancer le contraire.

Conséquemment, nous constatons chez l'homme, Microcosme, exactement ce que tout le monde est d'accord à reconnaître dans le Macrocosme, c'est-à-dire de la matière et de l'énergie se présentant toutes deux sous des formes variées.

On pourrait prolonger cette analyse et montrer que, en matière et en énergie, l'homme est immortel et même éternel, car il est formé de matière et de force qui toutes deux peuvent subir des transformations dans leur apparence, mais restent en leur essence les mêmes dans le temps.

Toutefois, hâtons-nous de dire que si l'homme était tout matière et force, sa personnalité ne subsisterait pas plus longtemps que la combinaison de ces deux éléments, car aucun d'eux n'est *lui*.

* * *

Cependant l'homme, le philosophe s'élevant au-dessus des objets matériels pour mieux les dominer, plonge sa pensée dans l'étendue infinie pour y chercher la pénétration de deux mystères : le mystère du monde et le mystère qu'il est lui-même. Il contemple la voûte céleste et les astres ; il considère anxieusement l'univers où, atome, il est comme perdu. Pour n'être troublé par rien, il tâche de faire abstraction de tout, de tout ce qu'il a pu apprendre jusqu'alors.

Un fait frappe immédiatement ses regards : *il y a quelque chose*; ce quelque chose, c'est la *matière*.

Un deuxième fait attire presque aussitôt son attention : cette matière *se meut*. Mais il s'aperçoit vite qu'elle ne se meut pas par une vertu propre, car elle est inerte, et que étant ainsi elle ne peut pas se mouvoir d'elle-même : l'examen lui montre que ce mouvement, toutes ses conséquences et ses transformations sont des manifestations de l'*Énergie.*

Après avoir constaté que tout, jusqu'à ce point de son examen, se réduit à montrer *deux principes* auxquels tous les phénomènes dont il est témoin peuvent se rapporter, l'homme s'arrête étonné et déçu. L'énergie peut lui donner la raison de l'existence de la matière; mais l'énergie? Qu'est-ce et d'où vient-elle? Qu'y a-t-il derrière elle?

C'est en vain qu'il promène longuement ses regards sur les mondes continuant majestueusement la route qu'une main savante et invisible semble leur avoir tracée dans les cieux. Il désespère de rien apprendre de ce grand Univers solennel et muet pour lui, mais cependant animé. Il a beau interroger les étoiles, la lune, le soleil et les planètes : tous ces géants des profondeurs inabordables restent sourds à sa voix.

L'homme alors n'a plus qu'à faire un retour sur sa propre nature, s'écouter vivre et s'analyser lui-même.

En lui, il voit d'abord un corps fait de matière empruntée à la matière environnante : ce corps *em-*

prunté n'est donc pas à lui; il doit s'en démettre un jour; il le rendra à la terre, de laquelle il l'a reçu et formé, le jour de la grande échéance qui arrive, inéluctable, une fois pour chacun. Plus il s'analyse, plus il trouve sa matière semblable à *l'autre*.

Ensuite, il retrouve encore en lui, sous des aspects aussi variés que ceux de la matière, cette *énergie* dont il a vu les effets dans les choses qui l'entourent.

Jusque-là, *il comprend* qu'il est fait de la matière et de l'énergie universelles; *mais* avec quoi a-t-il *compris* toutes ces choses? Est-ce avec sa matière ou avec son énergie ou avec les deux? Mais alors la matière et l'énergie universelles seraient donc intelligentes?

Voyant les effets de la mort et l'*inertie* d'un cadavre, il en déduit que la matière seule ne *comprend* ni ne *pense*.

Analysant ses variétés d'énergies et voyant qu'elles ne servent qu'à entretenir les fonctions de sa matière organisée, ou à exécuter les ordres de sa volonté consciente et intelligente, il en conclut qu'il a *compris* ce qu'il *voulait* comprendre avec *quelque chose* qui n'est ni sa matière ni son énergie, et il donne à *cela* le nom d'intelligence.

Et connaissant sa propre nature, il poursuit logiquement du connu à l'inconnu et se dit que, sa matière et son énergie étant puisées à la source universelle, son intelligence doit avoir la même origine : *il a deviné le troisième élément de l'Univers;* il a vu et compris qu'*en même temps que la* MATIÈRE *et l'*ÉNERGIE *il y a de l'*INTELLIGENCE *dans le* MONDE.

Il a senti que pour avoir une idée de l'Univers il fallait que l'homme s'étudiât et se comprît; car nous ne pouvons pas plus saisir l'essence du monde par ce que nous en voyons qu'il ne serait donné à un être doué d'intelligence comme nous de comprendre l'homme, si ses dimensions ne lui permettaient d'en étudier qu'une portion microscopique : par exemple, quelques globules du sang circulant dans un vaisseau capillaire.

* * *

De fait, nous ne pouvons sortir de ce dilemme : ou il y a une intelligence *une* dans l'univers, intelligence de laquelle sont émanées de nombreuses intelligences limitées comme la matière en objectivités limitées émane de l'énergie, qui elle-même procède d'un principe supérieur, ou bien la matière et l'énergie sont douées d'intelligence. Car pourquoi, seule, la matière qui compose le cerveau de l'homme ferait-elle de l'intelligence? N'existe-t-il pas dans l'universelle substance une matière tout aussi propre à produire des idées que la petite masse de pulpe grasse et phosphatée qui compose la partie intellectuelle de notre cerveau? Poser la question, c'est en quelque sorte la résoudre.

Un des grands arguments de bataille de ceux qui ne veulent voir dans les manifestations intellectuelles qu'un simple produit de je ne sais quel hasard, auteur d'un agencement capricieux de la matière organisée du cerveau, consiste en ceci : que l'homme le plus brillamment doué des qualités de l'esprit peut devenir une brute ne vivant plus que de la vie végétative à la suite d'une simple chute sur la tête ou après une intoxication ou une lésion apoplectique ou autre de la substance cérébrale. Et ils disent : « Vous la voyez votre intelligence, votre âme; il suffit qu'une petite artère se rompe ou s'oblitère dans tel ou tel point de l'encéphale pour que l'orateur le plus éloquent devienne aphasique, c'est-à-dire muet, l'homme le plus spirituel, idiot et gâteux!

N'est-ce pas là une preuve suffisante que l'intelligence n'est qu'une propriété de la matière, puisque celle-ci une fois lésée, il n'y a plus rien?... Eh bien! non, ce n'est pas une preuve suffisante. Et si nous usons d'un procédé que nous utiliserons encore pour les besoins de la démonstration et que nous supposions connue l'existence de l'intelligence indépendante, il sera de toute évidence que si, pour une fin ou pour une autre, elle s'unit à la matière, délicatement groupée, finement organisée comme l'est la substance qui compose le cerveau, un trouble plus ou moins grand surviendra dans ses manifestations dès l'instant où cette matière subira une désorganisation quelconque.

J'avoue toutefois que, en dehors de l'expérimentation, les arguments de raison qu'on peut opposer ne valent pas mieux les uns que les autres à un point de vue rigoureusement scientifique. On peut encore dire, par exemple : nier « l'âme » parce qu'elle ne fonctionne plus quand la matière qui sert à ses manifestations est détruite ou malade, c'est comme si on niait l'existence de la vapeur lorsque, après un accident dans la chaudière ou dans le cylindre, toute la machine s'arrête. Ou bien encore : le meilleur des artistes ne pourrait donner aucune idée de son talent s'il jouait d'un violon auquel manquerait des cordes ou d'un piano dont les gammes seraient incomplètes, etc. Mais il faut reconnaître qu'en ceci, comme en beaucoup d'autres circonstances, comparaison ne signifie raison.

Ni matérialistes ni spiritualistes ne se sont convaincus mutuellement malgré la subtilité de leurs arguments, la supériorité d'intelligence et le désir sincère du vrai qu'on peut signaler chez les uns comme chez les autres. Et cela toujours par la même raison : on ne peut s'entendre (et parfois après un long examen) que sur les objets qui tombent et, en quelque sorte, restent sous nos sens.

Comment, ne manquera-t-on pas de m'objecter, puisqu'il en est ainsi, avez-vous pu dire que les philosophes se mettraient d'accord un jour sur ce point; car c'est surtout de cette question de l'existence de « l'âme » que vous avez voulu parler, question primordiale entre toutes?

Ma réponse sera des plus nettes :

On peut avoir des preuves matérielles de l'existence de l'âme.

Ce fait ne laisse aucun doute dans mon esprit : la science pourra étudier, quand elle le voudra désormais, le troisième élément constitutif du Macrocosme que l'on retrouve dans le Microcosme, tout comme elle étudie les deux autres éléments qu'elle comprendra alors beaucoup mieux, c'est-à-dire la *matière* et l'*énergie*.

C'est ce que je vais démontrer.

CHAPITRE II

PHYSIOLOGIE TRANSCENDANTALE

Sommaire : Examen rétrospectif. — Existence commatérielle et abmatérielle de l'Intelligence. — L'Intelligence indépendante de la matière. — Les phénomènes dits spiritualistes viennent à l'appui de cette thèse. — Il nous reste de grandes choses à connaître. — Nul savoir sans travail. — Différence entre celui qui pense et celui qui ne réfléchit sur rien. — L'heure de l'appréciation scientifique. — Elle a sonné pour chaque chose en son temps. — Lit de Procuste des idées et des faits. — Le temps est passé où l'on devait d'abord prouver l'existence des faits psychiques. — Les investigateurs intelligents et instruits ne manquent pas ; donc il n'est plus nécessaire de chercher à convaincre surtout ceux qui ne veulent pas voir pour se convaincre.

Au moment d'examiner la valeur de certains phénomènes psychiques que l'on observe chez l'homme, au point de vue de la démonstration que j'ai entreprise, j'invite le lecteur à faire une courte halte et à jeter un regard en arrière. Maintenant que nous sommes arrivés à ce point de l'analyse des choses dont nous avons tenté l'essai, nous pouvons embrasser, dans un coup d'œil d'ensemble, les vastes champs que nous laissons derrière nous et sur la lisière desquels nous avons juste passé sans prendre le temps de scruter leur intérieur. (Si cela nous est possible, nous compléterons cet examen quelque jour.) A ce propos, j'ai déjà fait observer que le présent travail n'a nullement la prétention de traiter à fond le sujet qui nous occupe, toute l'ambition de celui qui écrit ces lignes se bornant à essayer de *faire penser*, suivant en cela le conseil de l'auteur de l'*Esprit des lois* (1).

Oui, ce que je désire, c'est essayer de faire penser, espérant que ce petit livre pourra tomber un jour, comme le bon grain de l'Évangile, dans un terrain bien préparé. Voilà pourquoi j'ai voulu faire court, sachant d'abord que les gros livres se lisent peu à notre époque de vapeur et d'électricité. Et puis enfin, comme l'a dit Paul-Louis Courier, il n'est pas besoin de tant de pages pour dire les meilleures choses.

Mais, ainsi que je le proposais il y a un instant,

(1) Quand vous traitez un sujet, il n'est pas nécessaire de l'épuiser, il suffit de faire penser (MONTESQUIEU).

passons en revue, en quelques lignes, les étapes si rapidement parcourues :

Dans notre analyse, nous avons, en premier lieu, étudié sommairement le Macrocosme. Jetant un coup d'œil sur notre planète avant de la quitter, nous avons commencé notre étude de l'Univers animé en partant de l'atome inétendu pour nous élancer dans l'espace à la recherche de la formation et de la fin des mondes.

Ensuite, dans une seconde partie de ce travail, j'ai essayé de donner une idée du Microcosme, en montrant tout d'abord les opinions des principales écoles sur sa constitution. Nous avons vu que l'homme, comme le Monde, renferme certains principes : premièrement la Matière et l'Énergie. Ceci nous a conduits à examiner comparativement l'Univers et l'homme dans un troisième Livre.

Dans cette troisième partie, nous avons reconnu qu'outre la Matière et la Force, il y a de l'intelligence dans le Monde comme dans l'Être humain, à moins d'admettre qu'une seule substance (si l'intelligence n'était qu'un produit de la matière), c'est-à-dire la substance cérébrale de l'homme, ne soit la seule matière dans l'Univers entier capable de produire ce qu'on appelle les phénomènes intellectuels.

Il me reste, à présent que le raisonnement nous a permis de reconnaître ce que j'ai nommé le troisième principe ou élément dans le Macrocosme aussi bien que dans l'homme, il me reste, dis-je, à montrer ce troisième principe (le premier en importance) libre, chez l'homme, et indépendant. Peut-être me sera-t-il permis de faire entrevoir la persistance de cet élément, c'est-à-dire de l'*intelligence consciente* survivant à la décomposition de la matière à laquelle elle s'est trouvée momentanément unie sous les apparences du corps humain. En d'autres termes, montrer la possibilité de l'existence *abmatérielle* de l'intelligence après son existence *commatérielle*, tel est le but que je me suis proposé.

C'est une tâche audacieuse, mais non téméraire : aujourd'hui je n'ai plus rien à risquer, car après avoir fait, dans le but de commencer cette démonstration, un livre qui a été mis à l'index, aussi bien à Paris qu'à Rome, quelle foudre ai-je à redouter désormais, à part la foudre du ciel ? Celle-ci, jusqu'à ce jour, n'a pas paru s'enquérir au préalable de l'opinion ni de la religion de ceux qu'elle frappe, laissant au ciel, sans doute, le soin de « reconnaître les siens » ; mais les hommes, eux, choisissent et... se trompent, ce qui est pis, car, par tendance, ils condamnent et frappent plus souvent ce qui est juste que l'injuste (1).

Je ne voudrais pas qu'on vit aucune amertume dans ce qui précède, car il n'y en a pas dans mon esprit, et je pardonne de grand cœur à ceux qui se sont jugés assez purs pour lancer la première pierre : la vérité dont voici l'aube sera ma vengeresse, et ce qui m'enchante, c'est qu'elle brillera aussi bien pour ses détracteurs que pour ses amis de la veille. Les vrais justes qui l'auront défendue, quand il y avait danger à le faire, rentreront dans l'ombre sans se souvenir des injures reçues pour elle et sans demander d'être « à l'honneur après avoir été à la peine ». Les honneurs seront, sans doute, pour ceux qui après l'avoir repoussée jadis lui donneront un nom latin nouveau quand ils l'auront enfin reconnue.

La vérité est ceci : l'Intelligence existe en dehors de la matière telle que nous la concevons d'ordinaire, et tout en déclarant une fois de plus que

(1) Il y aurait une intéressante étude à faire sur ce sujet : beaucoup d'individus, par suite de certaines dispositions psychiques vicieuses, commettent le mal « par parole ou par action », sans mobile raisonné, sans envie et sans intérêt, mais comme par impulsion. J'appelle cela de la *cacomanie* (manie du mal). Le paysan qui votait l'ostracisme d'Aristide, parce qu'il trouvait le temps long qu'on surnommât ce dernier *le Juste*, était un *cacomaniaque*.

je ne suis pas un *modern spiritualist*, j'affirme que tous les phénomènes dits spiritualistes, abstraction faite de la théorie de même nom, sont absolument réels, ce qui ne veut pas dire qu'on ne peut, dans une certaine mesure, les simuler. Ces phénomènes viennent donc appuyer ma thèse, et c'est ce que j'espère démontrer.

N'importe! Ce sera « grande honte » pour bon nombre de savants actuels de s'être entêtés à méconnaître un fait aussi capital, lequel, surtout depuis un quart de siècle, se présente sans cesse à leur examen. Le châtiment de ces hommes sera, à la fin de la carrière, de voir qu'ils ont *manqué* leur vie, et que, *soi-disant* savants, ils sont morts ignorant la chose la plus importante qu'il leur fût donné de connaître. Mais patience, encore une fois : la génération qui grandit aura sans doute besoin d'être contenue, tellement la réaction sera forte. Et nous que vous dédaignez, Messieurs, à cette heure, nous vous défendrons contre le dédain de vos successeurs. « Pardonnez-leur, dirons-nous comme le supplicié du Golgotha, ils n'ont pas su ce qu'ils faisaient. Ils ne pouvaient le savoir, et parmi les motifs *avouables* qui les excusent il y a celui-ci : c'est que les *petites* affaires de la vie ordinaire, de leur existence vulgaire étaient trop près de leurs yeux ; de sorte que, occupant tout le champ visuel, elles empêchaient ces pauvres myopes de voir les réelles et grandes choses qui sont au delà. Simple question d'optique. »

* * *

Aujourd'hui personne n'oserait dire qu'il ne nous reste aucune grande découverte à faire, malgré l'état actuel de la Science. Dans les périodes antérieures à la nôtre, il s'est trouvé des hommes qui, contemplant l'état des connaissances de leur temps, ont osé déclarer qu'ils ne pensaient pas que l'homme pût atteindre un degré de civilisation ou de science plus élevé. Mais aujourd'hui que nous avons plus étudié, comme le propre du vrai savoir est de rendre conscient de l'ignorance relative de l'homme, nous n'entendrons plus dire : *non plus ultra*, mais bien : *excelsior* !

Ne vous dissimulez cependant pas, ô Jeunes ! vous qui allez entrer, ardents, dans la carrière, que si de glorieux lauriers vous attendent, ce ne sera pas sans luttes et sans périls que vous pourrez les cueillir pour en orner vos fronts. Car c'est surtout de la nouvelle science qu'on peut dire qu'elle est entourée d'un rempart de rochers abrupts.

Ardua vallatur duris sapientia scrupis.

Je n'insisterai pas davantage sur ce sujet en ce moment, me réservant d'indiquer plus tard les dangers que l'on peut courir dans l'étude des phénomènes dont je parlais plus haut : *experto crede Roberto.*

* * *

J'ai vu et étudié *par centaines* des faits tellement probants que je m'étonnerais qu'on ne fût pas plus avancé en psychologie si je ne connaissais l'esprit des savants de profession. Et je me sens tenté de m'écrier à chaque instant, en lisant les travaux récents où ces questions sont traitées d'une façon plus que légère : « Qui donc, ô dieux puissants! a placé cet épais bandeau de matière sur les yeux des mortels pour qu'ils confondent sans cesse la réalité avec l'illusion et le mensonge? »

J'ai observé, j'en conviens, des choses qu'il a été donné à bien peu d'hommes de voir ; mais c'est que, mis en éveil par un fait des plus simples, j'ai voulu savoir et j'ai pris le temps de chercher.

Nul bien sans peine, nul savoir sans travail. Comme le dit Schopenhauer, que j'ai déjà cité : la vérité ne viendra pas vous sauter au cou. Il faut chercher, il faut penser.

Penser! Ah! voilà la difficulté : celui qui ne réfléchit pas trouve tout ce qu'il a l'habitude de voir parfaitement naturel; il naît, vit, puis meurt sans s'être demandé pourquoi il y a quelque chose. Par contre, le moindre incident qui ne ressemble plus à ceux de sa banale existence l'affole. — Il en est autrement de celui qui pense, et le moindre insecte, le dernier brin d'herbe, la plus petite cellule du végétal ou du corps des animaux sont l'objet de ses méditations et de son admiration. — On trouve ces deux espèces d'individus aussi bien dans les professions libérales que chez les casseurs de pierres.

* * *

Ce qui s'est passé jusqu'à ce jour dans le monde scientifique, au sujet des faits dont je veux parler (faits de « somnambulisme lucide », de vue à distance, de transmission de pensée et de phenoménalité « spiritualiste »), me rappelle l'histoire de ce microscope qui fut présenté au pape Léon X au commencement du XVIe siècle (1520). L'instrument fut considéré comme très curieux, capable d'amuser un amateur, mais il ne vint à l'idée de personne d'en tirer le parti qu'on devait connaître seulement 300 ans plus tard. Ce que j'appellerai *l'heure de l'appréciation scientifique* n'avait pas sonné.

Je demande respectueusement la permission à Messieurs des Instituts et des Académies de leur annoncer que, pour les phénomènes étudiés dans cette *Analyse des choses*, l'heure de l'appréciation a sonné, malgré l'ardeur qu'on a mise à ralentir le pendule. Et j'ai le regret d'ajouter que si ce n'est par eux ce sera en dehors, sinon contre eux, que l'appréciation se fera. Elle est arrivée, cette heure, en son temps, pour chaque découverte : c'est une loi ; l'application de cette loi va de nouveau s'accomplir.

* * *

Le passé renferme en soi bien des faits instructifs : toutes les grandes découvertes n'ont-elles pas rencontré une opposition d'autant plus vive qu'elles choquaient davantage les idées admises? Soyez donc prudents dans vos négations *a priori*. Mais non, l'histoire, quoi qu'on en dise, ne paraît pas instruire les hommes; ainsi il y a trois ans j'ai fait une observation qui me paraît intéressante et que voici : chez un éditeur parisien, trois livres parurent à de courts intervalles. Le premier traitait de la suggestion hypnotique, le second de la suggestion mentale et le troisième des phénomènes spiritualistes. Ces trois livres avaient pour auteurs trois savants, trois médecins. Lorsque le premier livre (suggestion hypnotique) parut, il rencontra dans le monde scientifique bon nombre d'incrédules (je pense qu'ils sont *presque* tous convertis aujourd'hui). L'auteur de ce livre, qui contenait l'exposé d'expériences d'hypnotisme très curieuses, n'admettait pas la *suggestion mentale*, que soutenait, avec preuves à l'appui d'ailleurs, l'auteur du second livre. Mais ce dernier, par contre, se terminait par une tirade de condoléance sur la *perte, pour la science*, d'un confrère qui s'est fait consciencieusement le défenseur des phénomènes spirites pour ne pas avoir deviné que ces phénomènes ne sont qu'une variété de suggestion mentale où l'*Inconscient* du médium joue le grand rôle!

— Je ne dirai rien du troisième livre, où l'auteur ne s'est peut-être pas montré toujours meilleur critique que ses collègues, et cela pour des raisons que le lecteur devinera.

Comme cette observation montre bien la tendance de l'esprit humain : on s'est fait un cadre (que l'on trouve très bien, naturellement !), et tout ce qui ne s'y ajuste pas est écartelé ou sabré ; véritable lit de Procuste des idées des autres et des faits qui sont à tout le monde.

Je termine ces observations, dans lesquelles je prie le lecteur de ne voir aucune humeur : je constate, voilà tout.

Dans les pages qui vont suivre, je ne relaterai aucune expérience nouvelle, quoique depuis la publication de mon dernier ouvrage, j'aie pu assister à bien des séances curieuses et observer nombre de phénomènes intéressants, pour ne parler que de cela. De sorte qu'il me semble fastidieux aujourd'hui d'essayer de démontrer les éléments, les petits faits qui, à présent, me font l'effet de ne présenter qu'un intérêt très médiocre, et je ne veux pas perdre mon temps à revenir sur le sujet. Autant vaudrait me demander d'enseigner l'alphabet dans une école de village. Et puis le temps est passé où il était indispensable de prouver d'abord l'existence du phénomène psychique. Comme aujourd'hui les investigateurs intelligents et instruits ne manquent pas, il n'est nullement nécessaire de chercher à convaincre ceux qui disent : « Je le verrais que je ne le croirais pas ! » (j'en ai rencontré). Ces bonnes gens trouveront toujours quelque chose à glaner dans le champ de la Psychologie, lorsqu'ils se décideront *pede claudo* à suivre le mouvement irrésistible qui s'est produit et dont le torrent va entraîner et submerger la philosophie moderne.

Donc, pour l'étude de la question *ab ovo*, je renvoie le lecteur non initié à mon précédent travail.

Etudions, maintenant, la *nature des choses* dans l'homme.

CHAPITRE II

Sommaire : La génération de l'homme est une action microscopique. — Elle est un simple fait, mais un grand fait. — Hypothèses sur la préexistence et la non-préexistence de l'*esprit* au corps. — L'hypothèse de la formation parallèle de l'esprit et du corps est injuste. — On ne perçoit pas plus l'Énergie que l'Intelligence : on ne voit que leurs effets. — Comment démontrer l'indépendance de l'esprit? — Supposer connue une inconnue. — Une partie des facultés de l'esprit est immobilisée dans des fonctions inférieures à celles de l'intelligence. — Mécanisme de l'action de l'esprit sur les cellules nerveuses. — Polyzoïsme de Durand, de Gros. — Faits établissant que l'esprit peut recevoir des communications par d'autres voies que les voies ordinaires des organes. — Rêves.

Deux éléments microscopiques : une cellule munie d'une sorte de cil vibratile, élément masculin, et une autre cellule à forme globuleuse, élément féminin; deux points quasi mathématiques se rencontrent, et l'homme est engendré.

La cellule globuleuse se transforme aussitôt; elle se greffe et se segmente en une foule d'autres cellules qui deviendront les organes du corps humain.

Cette rencontre de deux cellules, venant de deux être différents pour former un troisième être, est un grand *fait*.

Autour de ce fait va s'accumuler de la *matière* et de l'*énergie*.

Mais, étant admis l'existence comme l'universalité de l'Intelligence, celle-ci va-t-elle « souffler » sur la matière en même temps et à mesure que cette dernière accumulera de l'énergie ?

Ou bien, si nous nous en rapportons aux Écoles Egyptienne, Chaldéenne, Indienne, dont se sont inspirés Pythagore, les néo-platoniciens, les Kabbalistes, les Théosophes et même les « esprits » des spirites modernes, admettrons-nous que l'Esprit est préexistant et qu'il a déjà habité plusieurs corps, vécu plusieurs vies ?

Dans le premier cas, l'Esprit se détachant graduellement de l'*Intelligence impersonnelle* s'allierait à l'Énergie et à la Matière en plus ou moindre grande proportion, selon la valeur et la capacité du récipient cérébral. La personnalité se grouperait autour du *grand fait* dont je parlais plus haut, variant individuellement et au hasard, guidée arbitrairement (j'allais dire injustement) dans sa formation par l'hérédité, l'atavisme, la condition sociale, l'entourage, l'éducation et mille autres circonstances causales que nous n'avons pas créées et qui concourent à atténuer notre responsabilité *personnelle* dans une si large mesure.

Ceux qui soutiennent qu'il n'est point de hasards ne sauraient admettre cette hypothèse et adopteraient sans doute plus volontiers la deuxième : *préexistence* de l'*Intelligence émanée* et *personnifiée* vivant alternativement dans des états commatériels et abmatériels. L'inégalité du sort pour les hommes pourrait ainsi être expliquée par les mérites ou les démérites antérieurs. Mais si l'esprit est préexistant, à quel moment ce globule intellectuel, virtuellement doué de toutes ses potentialités futures, s'unit-il à la matière-énergie ? Est-ce après la segmentation complète de l'ovule, la formation distincte des différents feuillets blastodermiques, le cerveau étant ainsi localisé dans ses éléments formateurs ? L'union ne se fait-elle pas progressivement ? Dans tous les cas, ce serait longtemps avant la naissance que commencerait cette « spiritualisation » de la matière. L'esprit ainsi enfermé dans sa triple prison de chair « flotterait sur les eaux » pendant trois fois trois cycles lunaires environ avant de réapparaître à la lumière du jour.

* * *

Quoi qu'il en soit, voici l'homme fait; étudions-le. De cet homme ce que l'on voit tout d'abord — comme dans l'examen du Macrocosme — c'est la matière, c'est-à-dire son corps. Ce corps se meut sous l'action de forces variées provenant de l'Énergie. Pas plus que celle qui anime le Monde, on ne la perçoit, cette force : on ne voit que ses effets. Il en est de même de l'intelligence. Connaît-on un effet sans cause?

Pour ma part, j'ai quelque raison de penser que l'esprit, conscient de son individualité, préexiste à la matière du corps, mais il ne me paraît pas qu'il soit temps de les exposer (1). En supposant même

(1) Comment se fait-il que nous ne nous souvenions pas de nos vies antérieures, objectait-on à Pythagore? Quelques-uns s'en souviennent, répondait-il, et il racontait ce qu'il avait été dans plusieurs vies précédentes. — A cette objection on pourrait répondre que, dans le cas où nous aurions vécu plusieurs fois, il ne serait pas étonnant que nous n'en gardions pas le souvenir, attendu que nous ne nous souvenons qu'à grand'peine des faits peu importants de cette présente existence après très peu de temps, et qu'enfin nous ne nous souvenons pas du tout de ce que nous avons fait, vu ou entendu dans l'état de somnambulisme, et cela à quelques minutes d'intervalle. On pourrait ajouter que l'état somnambulique (sur-

qu'il en soit autrement et que l'intelligence individualisée se forme au fur et à mesure que la matière en attire les éléments de l'Intelligence impersonnifiée; il s'agit de *démontrer* que, une fois formée, cette intelligence individualisée est, dans une certaine mesure, indépendante de la matière nerveuse pendant la vie et qu'elle persiste après la disparition du corps.

Je sais bien que pour bon nombre d'hommes très instruits — je ne veux m'appuyer que sur ceux-là — je sais, dis-je, que cette démonstration *expérimentale* n'a plus besoin d'être faite. Et je ne parle pas de croyants, mais d'hommes qui *savent* et ne s'en remettent qu'à la raison contrôlant les constatations fournies par les sens. Mais ce n'est pas pour eux que j'écris, et la forme de cet ouvrage ne leur laissera, j'en ai la certitude, aucun doute à cet égard.

Pour ceux qui n'ont pas encore eu le temps ou l'occasion d'acquérir ces connaissances, je leur de-

tout quand il est lucide) est un état supérieur, par certains côtés, à l'état ordinaire, et que quand nous rentrons dans l'état commatériel, lorsque nous « descendons » dans la matière, nous buvons l'eau du Léthé, selon le langage symbolique des anciens. Mais ceci n'est pas une raison : la meilleure, pour qu'il en soit ainsi que l'enseignait Pythagore, c'est que *c'est une loi* que notre ignorance de son existence n'empêcherait pas d'être.

manderai de vouloir bien me faire une concession : nous allons, comme en algèbre et pour faciliter nos opérations, supposer connue une inconnue. Donc, admettons l'âme, l'esprit ou l'intelligence ou quelque nom qu'on donne à cette entité dite spirituelle. Supposons son existence, puis examinons, dans cette hypothèse, son rôle dans l'être humain.

En l'état ordinaire, l'esprit incorporé intimement à la matière peut être considéré comme privé d'une grande partie de ses facultés supérieures. Une partie de ces facultés sont pour ainsi dire aliénées au profit de certaines fonctions qu'elles ont à remplir sur le plan animique, instinctif et végétatif de l'être commatériel.

Nous ne sommes pas tout en nous-mêmes, en quelque sorte : l'esprit n'a plus ses communications directes avec le monde extérieur ; il est, de plus, souvent mal servi par ses organes. C'est ce qui peut expliquer comment certains sujets somnambuliques sont beaucoup plus « lucides » dans l'état hypnotique, qui est un état abmatériel incipient, un commencement de dégagement de cette meilleure part de nous-mêmes que dans ces derniers temps on a nommé l'*Inconscient*.

Quoi qu'il en soit, l'esprit disponible normalement

pour les fonctions intellectuelles se sert le mieux qu'il lui est possible de l'énergie existant à l'état d'équilibre incessammeut instable dans les organes des manifestations de l'intelligence. Je m'explique : moins un corps composé est stable chimiquement, moins est forte l'influence, la force nécessaire pour amener une modification dans sa composition. La substance qui forme les cellules cérébrales se trouve dans ces conditions. La force fluidique créée par la cellule cérébrale est d'une nature particulière rappelant par certains côtés, ainsi que nous l'avons vu plus haut, le fluide électrique. Pour produire ce fluide (fluide nerveux) excitateur qui portera les ordres de la volonté aux organes périphériques, la cellule a besoin d'être, pour ainsi dire, polarisée dans une certaine direction. Et comme l'*esprit* par lui-même ne peut agir sur la *matière* et qu'il est obligé pour cela d'avoir recours à *l'énergie*, son action est facilitée par la nature d'une substance à composition constamment variable, comme l'est la matière organisée, et agencée de manière à produire, sous le minimum d'influence, comme une torpille microscopique, une petite décharge de fluide nerveux qui suivra une direction déterminée et toujours la même à l'état normal.

Il faudrait le génie d'un Hœne Wronski pour réduire tout ce verbiage dans une formule claire et précise (pour les initiés) de la nouvelle langue mathématique qu'il inaugura dans notre siècle; car tout ceci revient à dire, en résumé, que *l'esprit agit sur la matière organisée au moyen de l'énergie animique.*

J'ai donné à entendre qu'une partie des facultés de l'esprit était immobilisée dans les fonctions inférieures autres que celles de l'intelligence (nutrition cellulaire, circulation du sang et de l'onde nerveuse permanente, réflexes, instincts, etc.). Ces facultés sont utilisées à l'excitation des différents centres en apparence automoteurs : cérébraux, cérébelleux, bulbaires, médullaires et sympathiques, dont l'indépendance relative, mise plus en évidence par certains états pathologiques ou psychiques, a fait dire que l'homme était composé d'une collection de *moi* distincts, coordonnés hiérarchiquement, mais ayant chacun en soi les caractères et les attributs essentiels de l'animal individuel. Cette conception, à laquelle son auteur, Durand, de Gros (Dr Philips), observateur très profond, a donné le nom de *polyzoïsme*, fut surtout inspirée à ce savant par des expériences très délicates d'hypnotisme et de suggestion qu'il a su observer en philosophe en même temps qu'en médecin.

Si l'on admet l'indépendance d'un principe intellectuel, on peut concevoir comment, une partie de la substance cérébrale étant détruite, altérée ou malade, l'*esprit* ne puisse agir sur ce département disparu et transmettre par son entremise les ordres de sa *volonté* aux organes excités d'ordinaire par les *cellules-torpilles*, désormais obnubilées ou mortes. Mais, dans bon nombre de cas de lésions cérébrales, lorsqu'il y a survie, une suppléance plus ou moins parfaite s'établit, et on peut admettre alors que l'esprit fait exercer sa volonté sur d'autres centres (mémoire, parole, mouvements, etc.,) et transmettre ses ordres par une voie détournée, indirecte, en un mot inusitée. Il en est ainsi surtout lorsque la destruction des organes cérébraux se produit lentement. Les cas d'aphasie qui guérissent, bien que la lésion de la circonvolution de Broca persiste; l'intégrité des fonctions de toute nature, malgré l'atrophie d'un hémisphère cérébral, sont des faits qui ne dérangent en rien la thèse que je présente.

*
* *

Jusqu'ici il n'y a peut-être aucune bonne raison

pour admettre sans conteste l'existence de l'*esprit* indépendant, et les arguments qu'on peut tirer de ce qui précède ont été plus d'une fois présentés avec plus de développement et d'efforts pour amener la conviction. Si je les ai avancés tout d'abord, ce n'est que par esprit de méthode, car je compte beaucoup plus sur l'expérimentation que sur le raisonnement en soi et que sur la discussion sans actes. Les faits psychiques vont, en effet, nous donner une démonstration plus complète. Je les présenterai autant que possible dans l'ordre d'une intensité en quelque sorte croissante, qu'on me permette cet expression.

Examinons en premier lieu les cas où l'esprit, dans des circonstances presque normales, perçoit l'existence d'événements éloignés dans l'espace. Par exemple pendant les rêves. Nous avons tous entendu maintes fois le récit de rêves qui sont comme la copie d'un événement actuel (ou même futur, mais je veux laisser de côté la question du futur). Je pourrais, empruntant à différents auteurs, citer de nombreux exemples dans ce sens. Je m'en tiendrai à quelques cas qui me sont, en tant qu'observations, personnels.

Voici plusieurs faits : Une dame de ma connaissance m'a raconté plusieurs fois que, à l'âge de vingt ans, alors qu'elle habitait à A..., ville maritime, elle eut un rêve dont le principal personnage était un jeune homme qui la recherchait en mariage. La physionomie de cet homme, qu'elle ne connaissait d'ailleurs pas, lui inspirait une certaine défiance, et elle s'efforçait de l'éviter. Au réveil, elle avait ce rêve très présent à la mémoire comme, du reste, la plupart des rêves qu'elle a, me dit-elle. Jusqu'ici rien d'extraordinaire ; mais, dans la matinée, ayant eu à sortir de chez elle, la jeune fille suivait une rue peu fréquentée qui conduisait au port, lorsque tout à coup elle aperçut sur la porte de l'établissement d'un brasseur le même jeune homme de son rêve, debout et la regardant. Frappée de surprise, elle eut besoin de toute sa force pour ne point tomber à la renverse.

Renseignements pris auprès du brasseur, qui justement était en relation avec la famille de mon sujet, le jeune homme, qui venait d'outre-mer pour la première fois dans le pays, était débarqué le matin même et logeait chez le brasseur, son parent, aux affaires duquel il venait s'associer. Plus tard, le jeune homme en question, ayant sans doute entendu parler du rêve dont il aura reçu ainsi une suggestion indirecte, demanda la demoiselle en mariage; mais suggestionnée de son côté par le songe qui la hantait toujours quand elle voyait le brasseur, elle refusa d'accueillir ses avances.

Les faits de ce genre sont si nombreux qu'on ne peut vraiment pas continuellement répéter ce mot ridicule : « coïncidence ! » qui n'a qu'un avantage : celui de dispenser de chercher une meilleure explication. Cet avantage, on en conviendra, n'est pas fait pour nous satisfaire, et nous ne sommes pas disposés à nous en contenter. Nous verrons à propos du somnambulisme quelle explication nous pouvons donner à ces phénomènes.

Dans une autre circonstance, une personne de ma famille eut un rêve qui me paraît assez intéressant pour mériter d'être rapporté. En 1886, je faisais des démarches à l'effet d'obtenir pour un de mes amis une situation de directeur d'école spéciale. Mon protégé était un homme très méritant et très savant dans sa spécialité, ainsi que l'ont prouvé les services qu'il a rendus depuis. Tout allait pour le mieux ; nous avions l'appui de presque tous les chefs du ministère auquel ressortait l'école en question ; nous avions même l'agrément du ministre, auquel le postulant avait été recommandé par deux ou trois députés de mes amis. Bref, nous n'attendions plus que la formalité de la publication de la nomination par l'*Officiel*, lorsqu'un matin je reçus une lettre de ma parente qui habitait la province et était très liée avec la femme de mon candidat. A la fin de cette lettre, elle me disait : « Dites-moi donc quelque chose au sujet de M. X... ; la nuit dernière, dans un rêve, *j'étais très ennuyée* parce qu'il avait échoué dans ses démarches auprès du ministre... »

Je finissais de lire cette phrase, sans y prêter la moindre importance, lorsqu'on m'annonça mon ami qui entra presque aussitôt dans mon cabinet de travail, le visage bouleversé. Il venait me montrer une lettre du ministère par laquelle on l'informait que sa candidature n'était pas admise pour la place actuellement libre, mais qu'il pouvait la maintenir pour une prochaine vacance. En somme, c'était un échec complet. Je montrai la lettre de ma parente à M. X... qui en fut fort étonné.

Heureusement, après examen des titres des différents candidats, on revint sur cette décision, et M. X... est aujourd'hui un des directeurs qui donnent le plus de satisfaction à l'Administration.

Coïncidence encore? Peut-être, mais convenons qu'elle se présente souvent, cette importune de coïncidence.

Enfin, pour en finir avec ces exemples d'événements perçus en songe et dont j'ai recueilli directement le récit, je vais citer le suivant qui prouverait que la distance n'existe pas pour l'esprit s'il est démontré que c'est lui qui perçoit les choses pendant les rêves ou tout au moins certains rêves que d'habitude *nous distinguons très bien des autres* par quelque chose dont nous ne nous rendons pas toujours compte, mais que nous sentons. Voici cette observation que j'ai recueillie dans une famille américaine amie où je vais passer, depuis que j'habite New-York, une soirée presque chaque semaine.

Un des fils de M. J... se trouvait en Allemagne, à l'Université de Tubingue, en 1871, pour y terminer ses études. Sa famille, à New-York, venait de recevoir de bonnes nouvelles de lui, lorsqu'une nuit Mme J... mère s'éveilla en pleurant à la suite d'un rêve où elle avait vu son fils en grand danger de mort. Prise d'anxiété, après avoir fait de la lumière, elle réfléchissait sur le moyen d'avoir de promptes nouvelles d'une aussi grande distance, quand elle vit entrer dans sa chambre sa fille, Mlle J..., qui venait, tout en pleurs également, lui raconter qu'elle venait de voir son frère dans la position la plus critique : la mère et la fille avaient eu en même temps le même rêve que rien, m'assure-t-on, n'avait pu provoquer dans la conversation de la veille. Ce qui est encore plus intéressant peut-être, c'est que M. J... fils était réellement très malade au même moment à Tubingue. Fort heureusement la jeunesse de M. J... eut le dessus, et il put rentrer bientôt après dans sa famille.

Faut-il accepter l'opinion théosophique, suivant laquelle l'esprit se dégagerait en partie du corps pendant le sommeil et pourrait recevoir ainsi l'impression des choses dont l'éther répercute les vibrations ?

CHAPITRE IV

Sommaire : Ignorance générale au sujet de l'hypnotisme. — Si on savait se servir de cet état on en tirerait des résultats extraordinaires. — Mais il y a grand danger à expérimenter, dans l'ignorance actuelle des lois qui régissent les différents principes constituants de l'homme. — Force émise par le corps humain sous l'influence de la volonté et agissant à distance. — Expériences de transmission de pensées, de vue à distance. — Différents *états* ou degrés de l'hypnose. — Ces états ne sont que des phases de l'acheminement graduel vers le dédoublement de la personne. — Théorie de la vue, de l'audition, etc., à distance. — *Phantasma of the living.* — Observation fort intéressante non moins qu'instructive de *dédoublement* de la personne.

Ils sont en très grande majorité ceux qui, médecins ou non, s'occupent d'hypnotisme et ignorent quel puissant moyen d'investigation psychique ils ont entre les mains.

Avec l'hypnotisme ou mieux avec l'hypno-magnétisme et la suggestion aidés d'autres agents externes ou internes, on peut arriver à des résultats absolument extraordinaires. Non pas avec tous les sujets ni sans diététique, mais, bien entendu, en cherchant les conditions déterminées. Par *diététique* j'entends non seulement un régime alimentaire spécial et connu, mais une méthode particulière pour respirer, dormir, penser et.... aimer. Comme il n'entre pas dans les desseins de cet ouvrage d'indiquer les procédés à mettre en pratique, je m'abstiendrai d'en dire davantage. Qu'il me suffise d'ajouter que les hypnotiseurs et les magnétiseurs ont également dans les mains un instrument redoutable, arme à deux tranchants souvent, dont très heureusement, presque toujours, ils ne savent pas se servir. Aussi, bien que mes observations soient, sans aucun doute, des plus importantes, je n'en citerai, quant à présent, qu'un nombre très limité, et encore demanderai-je au lecteur la permission de ne pas entrer dans les détails concernant l'entraînement des sujets.

Ceux qui font de l'hypnotisme sur leurs semblables ne demandent, en général, aucune autorisation formelle de leur sujet. Cela tient à ce qu'ils ne connaissent pas toutes les conséquences de leur action : j'entends quand il s'agit d'une simple expérience, bien qu'il y aurait encore certaines réserves à faire lorsque le pseudo-sommeil est provoqué dans un but thérapeutique. Mais que l'on se souvienne bien de ceci : l'hypno-magnétisme une fois mieux connu, on ne mettra jamais personne sous son influence sans avoir obtenu une autorisation consciente du sujet. A ce propos, je dois dire que les rares initiés aux mystères de Cérès-Hypnotite se sentent bouillir d'indignation et pris de pitié tout à la fois lorsqu'ils voient, de nos jours, les affiches multicolores d'un *professeur* de banquisme quelconque annoncer, avec l'autorisation de l'administration, une séance de *magnétisme* dans la salle du premier estaminet venu : l'inconscience protégeant les inconscients! Autant vaudrait laisser des enfants jouer avec la dynamite.

Quoi qu'il en soit, l'hypno-magnétisme peut nous servir comme un des moyens propres à mettre en évidence l'indépendance, ou si l'on préfère l'action hors de la personne humaine :

1° D'une force particulière, forme élevée de l'énergie ;

2° D'une intelligence qui, dans certains cas, dirige cette force.

Examinons d'abord dans une séance d'hypno-magnétisme le sujet actif, l'opérateur.

Même à son insu, ce dernier influence le sujet passif dans une plus ou moins large mesure au moyen d'une force qui rayonne de lui comme une sorte d'aura et qui n'est rien autre que l'onde vibratoire de sa force animique émise sous l'empire de sa volonté, de sa pensée d'agir et agissant en même temps que sa parole, son attitude en suggestionnant à sa manière le sujet passif. L'existence de cette force, de ce fluide, comme on dit encore, est connue de temps immémorial, et l'ouvrage de M. le Dr Baréty ne laisse aucun doute au sujet de la réalité (1). J'ai, pour mon édification particulière, répété avec succès certaines expériences de M. Baréty sur un sujet des plus sensibles, quoiqu'il fût plutôt doué de dispositions pour les phénomènes d'ordre intellectuel.

Je ne m'arrêterai pas à parler, à propos de suggestion, de ces scènes que l'on trouve racontées longuement dans les livres qui se publient depuis plusieurs années sur l'hypnotisme : tout cela est par trop simple et ferait, si je m'y arrêtais, que le présent travail paraîtrait bientôt une sorte d'anachronisme, car avant longtemps ces faits vont devenir du classique élémentaire. Du reste, il y a, dans ces phénomènes primitifs, peu à prendre pour la démonstration que je me propose de faire, bien qu'ils servent

(1) Baréty, *Magnétisme animal*, Paris, 1887.

à mettre en évidence la facilité avec laquelle l'esprit humain peut être illusionné lorsqu'il se trouve *au début d'un certain état*.

Aujourd'hui il est acquis pour tous ceux qui étudient la question qu'une *force* pouvant être très facilement mise en évidence se dégage et agit à distance selon la volonté du sujet actif ou opérateur, ou encore, lorsqu'il s'agit d'un passif, sous l'influence d'un ordre suggéré ou spontanément pendant un état passif, soit conscient, soit inconscient. Par exemple, on peut, avec certains sujets hypnotisables, faire l'expérience suivante que j'appellerai expérience d'Horace Pelletier, parce que, à ma connaissance, elle a été faite par cet expérimentateur pour la première fois dans ces conditions (*suum cuique*). Si l'on place un ou mieux plusieurs sujets sensitifs la main au-dessus d'un vase contenant de l'eau, en leur donnant l'ordre (suggestion) de faire mouvoir le liquide comme s'il bouillait et *sans le toucher*, on peut avec de la patience et du temps (il est inutile d'attendre plus d'une demi-heure à chaque séance) voir l'eau se plisser d'abord puis se mouvoir par places comme si un petit poisson l'agitait en nageant, puis bouillonner même jusqu'au point de sortir du récipient pour se répandre au dehors. C'est un phénomène que les fakirs de l'Inde déterminent couramment par leur seule présence ou par la simple « imposition des mains » au-dessus du liquide. M. Pelletier, qui m'a écrit à plusieurs reprises au sujet de ce fait curieux, ne m'a pas fait la remarque que les sujets se plaignent parfois, dès le début de la « pose », de souffrir dans les bras et les mains : c'est une observation que j'ai faite dans mes expériences. Cette même sensation douloureuse est accusée par ceux qui produisent l'écriture directe entre les ardoises.

Mais ces faits ne sont qu'une menue monnaie et ne peuvent guère servir à la démonstration que je me propose de faire : la transmission de pensée est déjà plus utile. Dans ce but, j'ai expérimenté sur des sujets sensibles à l'action à distance, à ce que l'on a appelé récemment la suggestion mentale (1) ; par exemple, une épreuve que j'ai tentée plusieurs fois consistait à dire à un sujet endormi : « Vous vous éveillerez quand vous sentirez que je veux vous réveiller ; » et je me mettais à rédiger l'observation de la séance que je venais d'avoir avec la personne ainsi hypno-magnétisée. Je m'abritais derrière une

(1) J'invite ceux qui douteraient de la possibilité de la transmission de pensée à lire le livre du Dr Ochorowicz : *Suggestion mentale*. Doin, éditeur. Paris, 1887.

pile de livres afin que le sujet, qui *voyait* malgré la présence d'un épais bandeau sur les yeux, ne pût rien saisir sur mon visage qui l'avertit que je désirais l'éveiller.

A un moment donné, tantôt au milieu, tantôt à la fin de la rédaction de mes notes, je pensais à *vouloir* que le sujet s'éveillât; si c'était quand j'avais fini d'écrire, je continuais néanmoins à faire mouvoir ma plume sur le papier, traçant des mots quelconques comme : « Je veux que tu t'éveilles, éveille-toi ! » ou d'autres phrases sans rapport avec la situation, et le réveil ne se faisait pas attendre plus de 40 à 60 secondes.

D'autres fois, quand le réveil avait été obtenu, je me remettais à écrire, et je *voulais* alors que l'hypnose se reproduisît. Quand cette expérience réussissait, ce n'était jamais qu'à demi, car je m'entendais dire bientôt : « Pourquoi cherchez-vous à me rendormir? » Et alors le sujet se levait, se remuait et employait en même temps un moyen que je lui avais enseigné pour résister au sommeil magnétique dans le cas où on aurait voulu l'endormir contre sa volonté.

Malgré leur intérêt, je n'insisterai pas davantage sur ces faits que le lecteur peut étudier dans les traités spéciaux écrits à leur sujet. Quant à l'explication qu'on en peut donner, il sera facile de la déduire de la théorie, exposée dans cet ouvrage même, sur la constitution de l'être humain. De plus, leur valeur en tant que faits à l'appui de ma thèse est trop relative, et je m'empresse de présenter d'autres exemples plus convaincants. Le moment est venu, en effet, d'examiner plus particulièrement les cas dans lesquels l'indépendance de l'*Invisible* et son action hors des limites du corps physique sont beaucoup plus marquées.

*
* *

Les sujets ordinaires avec lesquels on étudie le pseudo-sommeil hypnotique passent par différentes phases qui sont loin de se succéder toujours aussi régulièrement que le décrivent les auteurs. Néanmoins, ces phases ou *états* se suivent communément dans l'ordre suivant :

1° *État de charme* (Liébeault) ou *de crédulité* (de Rochas);

2° *État cataleptique;*

3° *État somnambulique;*

4° *État léthargique.*

Ce sont pour ainsi dire les états classiques obtenus avec la suggestion ou la fixation du regard seuls ou combinés.

Si l'on emploie d'autres moyens et, parmi ceux-ci, la diététique à laquelle j'ai fait allusion plus haut, ainsi que les passes magnétiques et la volonté ferme et aussi extériorisée que possible (ce qui ne s'obtient également qu'après un entraînement), on acquiert vite la preuve que les états énumérés ci-dessus ne sont qu'un acheminement vers un état de *dédoublement* non de la personnalité, mais de la personne. Cet *état*, qui peut se produire presque d'emblée une fois que les sujets en ont pris l'habitude, est tout d'abord précédé d'un cinquième état qui suit le quatrième (E. léthargique). Ce cinquième état est connu de certains *magnétiseurs* et désigné par eux sous le nom de *somnambulisme lucide*. Un sixième état pourrait être qualifié *extatique*. Enfin, se produit ce que je nomme l'*état de dédoublement*. Dans ce dernier, l'aspect du sujet peut varier suivant les individus. Quelques-uns sont plongés dans un état de mort apparente ; d'autres sont comme pétrifiés, gardent les yeux grands ouverts et ont les pupiles démesurément dilatées et fixes. Ces derniers parlent quelquefois et sur des sujets, des choses ou des scènes paraissant exister au loin. Souvent on peut constater qu'il n'y a rien de vrai dans ce qu'ils racontent, ou bien il y a erreur de temps ou de lieux ; d'autres fois, au contraire, il se trouve que *tout est absolument exact*, même dans les cas où le fait *vu* se passe à plusieurs lieues de distance ! Cet état pourrait être nommé *extase parlante.*

Ceux qui sont plongés dans un état de mort apparente se souviennent rarement *d'une manière spontanée* de ce qu'ils ont éprouvé.

Ce ne serait pas sans danger que l'on essayerait de pousser plus loin ce dernier stade, et j'ajoute qu'il est périlleux d'y laisser longtemps le sujet. L'*état* qui suivrait, en effet, serait le *dédoublement complet* et *définitif*. L'esprit ayant rompu le fil animique qui doit le ramener au corps, après avoir attiré au dehors une trop grande quantité *d'énergie vitale*, se trouverait libéré à jamais, à son grand avantage peut-être, mais au profond et terrible embarras de l'expérimentateur trop téméraire qui se serait aventuré sans direction dans ces parages inexplorés et pleins d'écueils.

Mais quand l'opération est conduite d'une main sûre, voici ce qu'on observe : le sujet, après avoir passé rapidement les différents états ci-dessus mentionnés, commence son dédoublement. L'esprit se dégage, en même temps qu'une certaine quantité d'énergie vitale ou animique, et se met en communication avec les choses extérieures. Au début, le dégagement consiste en un simple rayonnement autour du corps, et c'est alors que les sujets lisent avec la main, le front, l'épigastre, les pieds, etc. En un mot, les « trous de la lanterne » ne sont pas seulement les yeux, les oreilles ou les autres organes des sens, mais le *sens unique* se fait jour à travers tous les pores de la personne. Il n'y a plus alors de cerveau pour la perception ou la pensée, mais la perception et la pensée peuvent être partout. Dans cet état, le sujet peut déjà, au moyen de l'éther ambiant dont les vibrations font vibrer à l'unisson son éther animique extériorisé, se rendre compte d'une foule de faits passés, présents et, j'ose le dire, futurs.

Je ne veux pas insister outre mesure sur ces choses, non plus que je m'efforcerai d'accumuler les preuves à leur appui. Ces preuves sont faites pour bon nombre de savants ou de *sachants*, et demain en fournira tant et tant que je ne grossirai pas cet Essai outre mesure de pages qui me semblent dès maintenant superflues. Toutefois, dans le cas où au nom de je ne sais quelle science monopolisée et trop facile à effaroucher, on viendrait à objecter que ces données sont antiscientifiques, je ferai remarquer que Laplace, qui était bien le plus positif des savants de son époque, semble avoir entrevu la possibilité de la prévision de l'avenir, ainsi qu'on en jugera par cet extrait de sa *Théorie analytique des Probabilités* : « Une intelligence, écrit-il dans son Introduction, qui *pour un instant donné* connaîtrait toutes les forces dont la nature est animée et la situation respective des êtres qui la composent, si, d'ailleurs, elle était assez vaste pour soumettre ces données à l'analyse, embrasserait dans la même formule les mouvements des plus grands corps de l'Univers et ceux du plus léger atome : rien ne serait incertain pour elle, et l'*avenir comme le passé serait présent à ses yeux.* »

Analysons la pensée de Laplace. Si nous pénétrons bien le sens de ce qui précède, nous verrons que ce grand et profond astronome et mathématicien qui repoussait l' « hypothèse » d'un Dieu personnel (1), concevait l'Univers exactement comme tous les grands panthéistes, et ne combattait nulle-

(1) « Sire, nous n'avons pas besoin de cette hypothèse, » aurait-il répondu à Napoléon, qui lui demandait quel rôle il attribuait à Dieu.

ment l'idée de la présence de l'Intelligence ineffable, pas plus que celle de l'Énergie (*anima mundi*) dans l'ensemble des choses. Il n'ignorait pas qu'une vibration une fois produite, on pouvait non seulement admettre que les causes qui l'avaient amenée existent de tout temps dans le passé, mais que cette vibration était inscrite à jamais dans l'avenir, où l'intelligence dont il parle pourrait la prévoir par la connaissance exacte des *vibrations* passées et présentes dont elle ne sera, dans l'avenir, autre chose que la conséquence forcée.

Et, comme l'écrit un savant mathématicien moderne que j'ai déjà eu l'occasion de citer, « cette conclusion ne s'applique pas seulement aux vibrations lumineuses qui prennent naissance à la surface des corps ou à une très faible profondeur, mais encore aux vibrations de toute nature qui se produisent dans leur masse : celles, par exemple, que nos plus secrètes pensées impriment aux molécules dont se compose notre cerveau : *tous ces mouvements, l'Univers entier les ressent et les conserve* (2). »

Est-il besoin d'ajouter que du moment qu'une in-

(1) E. Jouffret. *Loc. cit.*

telligence se dégage assez de la matière dans laquelle elle est provisoirement emprisonnée, pour recevoir l'impression des vibrations transmises par l'Éther, il est permis de concevoir qu'il lui soit possible de saisir d'une manière plus ou moins claire les modifications imprimées à ce « fluide » universel par les événements extérieurs, y compris les pensées qui, chez autrui, mettent en mouvement « les molécules dont se compose notre cerveau » ? Ainsi se trouvent expliquées la « suggestion mentale », la transmission de pensées et la vue, ainsi que l'audition à distance.

Je pense qu'il n'est pas inutile d'insister sur ce fait que même le moindre degré d'hypnose est un commencement de dédoublement qui, d'abord, est en quelque sorte tout interne. L'esprit et l'énergie animique se concentrent à l'intérieur et abandonnent (dans une certaine mesure, au moins) la périphérie. Aussi voit-on le premier état ou degré d'hypno-magnétisme se signaler par de l'anesthésie de la peau et des muqueuses. C'est ainsi que j'ai pu, chez des jeunes femmes très nerveuses et qui étaient prises de nausées incoercibles à la seule approche du miroir laryngoscopique, faire des examens prolongés et des plus complets, introduire un instrument jusqu'au dessous des cordes vocales, et cela sans provoquer aucun réflexe, une fois qu'elles étaient hypnomagnétisées.

Et dès les premiers moments du pseudo-sommeil chez quelques sujets, l'*abmatérialisation* se produit, et alors s'effectue aussi par concomitance l'expansion extérieure du *sensorium vrai*, du sens unique. Tout récemment, à New-York, à la première séance d'hypnose, j'ai pu obtenir d'un jeune sujet (dont les paupières étaient closes sur des globes oculaires fixés, par contracture des muscles moteurs de l'œil, en haut et en dedans comme toujours) qu'il me dît la couleur de deux objets, deux feuilles de papier placées sur le sommet de sa tête. L'une de ces feuilles était blanche, l'autre bleue. Le sujet tournait le dos à mon bureau, dans le tiroir duquel je prenais ces objets sans les faire passer devant son visage. A la deuxième séance, je plaçai ma montre également sur le sommet de sa tête : après quelques secondes d'hésitation, il me dit l'heure exacte. Connaissant la faculté qu'ont les hypnotisés de posséder généralement la notion du temps, j'avais retardé ma montre de vingt minutes. Au bout de quelques jours, ce sujet lisait de la même manière que la jeune femme dont je cite plus loin l'observation.

Ces expériences commencent à nous révéler des faits plus importants : elles prouvent tout au moins que la sensation est indépendante du sens spécial par lequel elle est transmise normalement ; le *nihil in intellectu quod non prius fuerit in sensu*, de Zénon (de Citium) et d'Aristote, va pouvoir être discuté sur d'autres bases.

Bien que je me sois proposé de ne pas donner dans ce travail de place prépondérante à mes expériences, je vais néanmoins citer une de celles que je fis à Paris en avril 1887 et que je répétai à maintes reprises, notamment devant une quarantaine de mes amis, hommes des plus sceptiques, dans une réunion spéciale d'un cercle dont je fais partie, cercle composé de médecins, d'ingénieurs, de littérateurs et de savants divers, devant lesquels, quelques jours avant, M. Yves Guyot, aujourd'hui ministre des travaux publics, avait fait une conférence sur la suppression des octrois. Voici en quoi consistait cette expérience dont un récit fut publié dans un journal de province (1), auquel il fut adressé par l'un des assistants :

(1) *L'Éclaireur du Berry*, qui se publie à Issoudun (Indre), numéro du 28 avril 1887.

Le sujet était une jeune femme d'une vingtaine d'années, d'origine juive. Une fois endormie, et dans un état intermédiaire d'abmatérialisation qui n'était ni de la léthargie, ni du somnambulisme, ni encore l'extase parlante, mais plutôt ce que les magnétiseurs de profession nomment somnambulisme lucide, je lui mettais un tampon de coton sur chaque œil, plus une large et épaisse serviette ou un foulard qui se nouait derrière la nuque. La première fois que je tentai l'épreuve dont je vais parler, je fus bien étonné de son succès : je dois dire qu'alors je n'avais pas l'expérience que m'ont donnée depuis une longue suite d'investigations et, je dois le dire aussi, des études sérieuses et continues sur la question.

Je pris, dans ma bibliothèque, le premier livre qui me tomba sous la main, je l'ouvris au hasard, au-dessus de la tête du sujet, sans regarder, la couverture en dessus, pendant que je tenais le texte imprimé à deux centimètres environ des cheveux de la jeune femme hypno-magnétisée. Je commandai à cette dernière de lire la première ligne de la page qui se trouvait à sa gauche et, après un moment d'attente, elle dit : « Ah ! oui, je vois, attendez. » Puis elle continua : « L'identité ramène encore à l'unité, car si l'âme..... » Elle s'arrêta et dit encore :

« Je ne puis plus, c'est assez, cela me fatigue. » J'accédai à son désir, sans insister; je retournai le livre (c'était un livre de philosophie), et la première ligne, moins deux mots, avait parfaitement été vue et lue par l'*Invisible abmatérialisé* de ma dormeuse (1).

Si je faisais tracer sur le parquet, par un tiers, un mot, un nom quelconque, avec un morceau de craie; amenée d'une pièce voisine, les yeux bandés, la même jeune femme lisait, sans jamais se tromper, le mot écrit dès qu'elle avait les pieds dessus, et elle ajoutait toujours quelque réflexion qui se trouvait tout à fait juste; par exemple : « Comme c'est mal écrit... c'est à l'envers » (et elle se retournait) ou encore : « Tiens! c'est le nom d'*un tel* avec une barre en dessous ! » Lorsqu'on l'amenait (les yeux bandés

(1) Quand je dis *vue*, c'est *perçue* que j'entends. Un de mes sujets qui se trouve à mes côtés, au moment où j'écris ces lignes, analysant le phénomène (je lui ai appris à se souvenir, ce qui l'intéresse beaucoup plus à mes expériences), me dit : « Lorsque je lis avec le sommet de la tête, il y a *comme* une lueur rouge-feu clair qui illumine les choses sans altérer leur couleur. Je vous vois nettement avec mon front ou la partie antérieure du haut de ma personne. Vos yeux me paraissent de feu. Lorsque je lis avec les mains, la lueur est moins rouge... » Il y aurait long à dire seulement sur l'analyse de ce phénomène magnifique qui m'a révélé beaucoup d'autres choses intéressantes.

et tamponnés, comme je l'ai dit plus haut) sur le mot écrit à terre, c'était à reculons, et elle avait la tête dans une sorte d'extension un peu forcée qui permettait aux assistants de constater l'impossibilité où elle aurait été, même éveillée, de voir sous son bandeau.

J'aurais bien d'autres faits intéressants à rapporter dans ce genre, mais, encore une fois, il faut savoir se borner à la tâche qu'on s'est imposée. J'ai voulu seulement démontrer que le *sensus internum* pouvait, à un moment et dans des conditions donnés, entrer directement en relation avec le monde extérieur sans se servir des voies auxquelles il est assujetti en temps de vie ordinaire. Cela ne nous conduit-il pas, d'ores et déjà, à admettre l'existence de l'intelligence indépendante de la matière qui lui sert pour ses manifestations de l'état commatériel (1)?

(1) Au moment où je corrige les épreuves de ce chapitre, je reçois la lettre suivante que m'adresse mon ami le Dr Van Schaick, professeur adjoint à la « Postgraduate medical School » de New-York :

228 West 34 th St.
New-York, 20 juillet 1889.

« Mon cher collègue,

« C'est avec le plus grand plaisir que je vous envoie, bien que vous ne m'en ayez pas fait la demande, cette description d'une expérience que vous avez bien voulu me faire voir hier.

« Vous avez endormi une jeune fille d'à peu près dix-huit ans,

* * *

J'ai parlé antérieurement de rêves que nous sentons d'une manière autre que les autres rêves et au

après quoi j'ai constaté que ses globes oculaires étaient fortement tournés vers la ligne médiane et en haut, dans un état très exagéré de strabisme convergent temporaire.

« Ensuite vous lui avez mis sur les paupières closes des tampons d'ouate fort épais, et sur eux, par surcroît de précaution, vous avez placé un foulard replié à plusieurs reprises. Le tout la mettait, j'en suis persuadé, dans l'impossibilité absolue de voir d'aucune façon normale.

« Ensuite, j'ai moi-même choisi un ouvrage parmi les livres nombreux qui encombraient votre table et votre bibliothèque, choisissant exprès un livre d'un format et ayant une couverture semblables à la majeure partie de vos livres.

« J'ai ensuite placé ce livre sur la tête de la jeune fille qui, après quelques instants d'hésitation, a très bien lu le titre de l'ouvrage, selon le désir que j'ai exprimé.

« L'expérience a été continuée avec un journal que je pris parmi ceux qui se trouvaient chez vous et avec plein succès.

« J'oubliais de dire que ces expériences ont été répétées plusieurs fois avec d'autres livres et journaux à la même séance.

« Pendant ces expériences, je demeurai assis auprès de la jeune femme, et je suis convaincu qu'il lui aurait été impossible de prendre connaissance, en aucune manière, de ce qu'elle a pu lire par un autre moyen que l'entremise d'une faculté qui, auparavant, m'était inconnue, et dont j'ai constaté l'effet.

« Si cette lettre peut vous être d'aucune utilité, vous avez ma pleine et entière permission de l'employer comme bon vous semblera.

« Agréez, cher Docteur, l'assurance de ma sincère amitié.

« George G. Van Schaick M. D. »

cours desquels nous pouvons voir des personnes ou des lieux que nous n'avons pu voir encore, mais que nous reconnaissons plus tard. Il existe d'autres états que le rêve qui se produit pendant le sommeil normal ou ayant débuté normalement. Bien que ces états se présentent rarement d'une *manière spontanée*, sans entraînement préalable, ils n'en existent pas moins, et pour les curieux des choses de la Nature qui voudraient s'édifier sur la question, je renvoie au livre qu'ont publié MM. Ed. Gurney, Fred. Myers et Fr. Padmore, à Londres, en 1886, sur les fantômes des vivants (Phantasma of the living).

Personnellement, j'ai plusieurs faits de cette catégorie : un, notamment, où la photographie d'un *phantasm of a living* laissa des preuves permanentes du phénomène, et un autre dans lequel j'ai obtenu les détails les plus circonstanciés de la bouche même de la personne à qui l'*accident* est arrivé.

Depuis la publication de mon livre sur le spiritisme, j'ai reçu de tous côtés des avalanches de documents plus ou moins importants, mais cet ouvrage m'a attiré également des lettres ou même la visite personnelle de nombreuses personnes qui m'ont demandé des renseignements sur tel ou tel incident de leur vie, qu'elles ne s'expliquaient pas.

Voici l'une de ces observations :

M. H... est un grand jeune homme blond, d'une trentaine d'années, dont le père était Écossais et la mère Russe. C'est un artiste graveur de talent. Son père était doué de facultés « médianimiques » très puissantes. Sa mère était également médium. Bien que né dans un milieu spiritualiste, il ne s'est pas occupé de spiritisme et n'a éprouvé rien d'anormal jusqu'au moment où il a subi ce qu'il appelle l'accident au sujet duquel il vint me consulter au commencement de 1887.

« Il y a peu de jours, me dit-il, je rentrais chez moi, le soir, vers dix heures, lorsque je fus saisi tout à coup d'un sentiment de lassitude étrange que je ne m'expliquais pas. Décidé, néanmoins, à ne pas me coucher de suite, j'allumai ma lampe et la laissai sur la table de nuit, près de mon lit. Je pris un cigare, le présentai à la flamme de mon carcel, et j'en aspirai quelques bouffées, puis je m'étendis sur une chaise longue.

« Au moment où je me laissais aller nonchalamment à la renverse pour appuyer ma tête sur le coussin du sofa, je sentis que les objets environnants tournaient, j'éprouvai comme un étourdissement, un vide; puis, brusquement, je me trouvai transporté au milieu de ma chambre. Surpris de ce déplacement dont je n'avais pas eu conscience, je regardai autour de moi, et mon étonnement s'accrut bien autrement.

« Tout d'abord, *je me vis étendu* sur le sofa, mollement, sans raideur, seulement ma main gauche se trouvait élevée au-dessus de moi, le coude étant appuyé, et tenait mon cigare allumé dont la lueur se voyait dans la pénombre produite par l'abat-jour de ma lampe. La première idée qui me vint fut que je m'étais, sans doute, endormi et que ce que j'éprouvais était le résultat d'un rêve. Néanmoins, je m'avouais que jamais je n'en avais eu de semblable et qui me parût si intensivement la réalité. Je dirai plus : j'avais l'impression que jamais je n'avais été autant dans la réalité. Aussi, me rendant compte qu'il ne pouvait être question d'un rêve, la deuxième pensée qui se présenta soudainement à mon imagination fut que j'étais mort. Et, en même temps, je me rappelai que j'avais entendu dire qu'il y a des esprits, et je pensai que j'étais devenu esprit moi-même. Tout ce que j'avais pu apprendre sur ce sujet se déroula longuement, mais en moins de temps qu'il n'en faut pour y songer, devant ma vue intérieure. Je me souviens très bien d'avoir été pris alors comme d'une sorte d'angoisse et de regret de choses inachevées; ma vie m'apparut comme dans une formule...

« Je m'approchai de moi, ou plutôt de mon corps ou de ce que je croyais être déjà mon cadavre. Un spectacle que je ne compris pas tout de suite appela mon attention : je me vis respirant, mais, de plus, je vis l'intérieur de ma poitrine, et mon cœur y battait lentement, par faibles à-coups, mais avec régularité. Je voyais mon sang, rouge de feu, couler dans de gros vaisseaux. A ce moment, je compris que je devais avoir eu une syncope d'un genre particulier, à moins que les gens qui ont une syncope, pensai-je à part moi, ne se souviennent plus de ce qui leur est arrivé pendant leur évanouissement. Et, alors, je craignis de ne plus me souvenir quand je reviendrais à moi....

« Me sentant un peu rassuré, je jetai les yeux autour de moi en me demandant combien de temps cela allait durer, puis je ne m'occupai plus de mon corps, de l'*autre moi* qui reposait toujours sur sa couche. Je regardai ma lampe qui continuait à brûler silencieusement, et je me fis cette réflexion qu'elle était bien près de mon lit et pourrait communiquer le feu aux rideaux : je pris le bouton, la clef de la mèche pour l'éteindre, mais, là encore, nouveau sujet de surprise! Je sentais parfaitement le bouton avec sa molette, je percevais pour ainsi dire chacune de ses molécules, mais j'avais beau tourner avec mes doigts, ceux-ci seuls exécutaient le mouvement, et c'est en vain que je cherchais à agir sur le bouton.

« Je m'examinai alors moi-même et vis que, bien que ma main pût passer au travers de moi, je me sentais bien le corps qui me parut, si ma mémoire ne me fait pas défaut sur ce point, comme revêtu de blanc. Puis, je me plaçai devant mon miroir en face de la cheminée. Au lieu de voir mon image dans la glace, je m'aperçus que ma vue semblait s'étendre à volonté et le mur, d'abord, puis la partie postérieure des tableaux et des meubles qui étaient chez mon voisin et ensuite l'intérieur de son appartement m'apparurent. Je me rendis compte de l'absence de lumière dans ces pièces où ma vue s'exerçait pourtant, et je perçus très nettement comme un rayon de clarté qui partait de mon épigastre et éclairait les objets.

« L'idée me vint de pénétrer chez mon voisin que d'ailleurs je ne connaissais pas et qui se trouvait absent de Paris à ce moment. A peine avais-je eu le désir de visiter la première pièce que je m'y trouvai transporté : Comment? Je n'en sais rien, mais il me semble que j'ai dû traverser la muraille aussi facilement que ma vue la pénétrait. Bref, j'étais chez mon voisin pour la première fois de ma vie. J'inspectai les chambres, me gravai leur aspect dans la mémoire et me dirigeai ensuite vers une bibliothèque où je remarquai tout particulièrement plusieurs titres d'ouvrages placés sur un rayon à hauteur de mes yeux.

« Pour changer de place, je n'avais qu'à vouloir et, sans effort, je me trouvais là où je devais aller.

« A partir de ce moment, mes souvenirs sont très confus ; je sais que j'allai loin, très loin, en Italie, je crois, mais je ne saurais donner l'emploi de mon temps. C'est comme si, n'ayant plus le contrôle de moi-même, n'étant plus maître de mes pensées, je me trouvais transporté ici ou là, selon que ma pensée s'y dirigeait. Je n'étais pas encore sûr d'elle et elle me dispersait en quelque sorte avant que j'aie pu la saisir : la folle du logis, à présent, emmenait le logis avec elle.

« Ce que je puis ajouter, en terminant, c'est que je m'éveillai à cinq heures du matin, roide, froid sur mon sofa et tenant encore mon cigare inachevé entre les doigts. Ma lampe s'était éteinte ; elle avait enfumé le verre. Je me mis au lit sans pouvoir dormir et fus agité par un frisson. Enfin le sommeil vint. Quand je m'éveillai, il était grand jour.

« Au moyen d'un innocent stratagème, le jour même, j'induisis mon concierge à aller voir dans l'appartement de mon voisin s'il n'y avait rien de dérangé et montant avec lui je pus retrouver les meubles, les tableaux vus par moi la nuit précédente ainsi que les titres des livres que j'avais attentivement remarqués.

« Je me suis bien gardé de parler de cela à personne dans la crainte de passer pour *fou ou halluciné....* » Son récit terminé M. H. ajouta :

« Que pensez-vous de cela, Docteur ? »

A l'époque où M. H. vint me faire part de cet « accident », je savais déjà *que les choses peuvent se passer ainsi qu'il le racontait* et j'en connaissais en partie les raisons ; je regardai, néanmoins, mon interlocuteur dans le fond des yeux pour savoir s'il n'avait pas l'intention de me mystifier : il était très sérieux et paraissait très préoccupé de ce qui lui était arrivé. Je lui expliquai alors que, selon toute vraisemblance, il était doué de facultés réellement extraordinaires et qu'il ne tenait qu'à lui de les développer. Je lui indiquai, dans ce but, un régime à observer qu'il me promit de suivre rigoureusement et nous primes, pour la quinzaine suivante, un rendez-vous. Il y fut fidèle, mais hélas ! il venait m'annoncer qu'il était sur le point de se marier et qu'il ne pouvait se consacrer à aucune autre expérience qu'à celle de la vie conjugale, ce qui, comme on le sait, est défavorable à l'obtention des facultés d'*abmatérialisation autonome.*

Je ne doute pas que s'il était placé sans préambule sous les yeux d'un homme ignorant les éléments de la nouvelle psychologie dont je ne fais qu'indiquer ici les éléments, le cas précédent, cependant si intéressant à divers titres, ne fût accueilli avec la plus grande réserve, pour ne pas dire la plus grande défiance. Je ne puis faire plus qu'il ne m'est possible ; que le lecteur cherche à se convaincre en voyant par lui-même; je ne lui demande pas de croire. J'ai exposé le fait comme il m'a été raconté à moi-même, sans y ajouter rien. Est-il vrai ? En tant que fait particulier, je n'en puis avoir la certitude scientifique; tout ce que je sais c'est que, génériquement, il peut être vrai.

Au surplus, ainsi que je l'ai écrit plus haut, je renvoie le lecteur au livre de MM. Gurney, Myers et

Padmore (Phantasma of the living); il y trouvera bon nombre d'observations analogues à la précédente mienne.

Ces faits sont rares, c'est entendu. S'ils étaient communs on ne ferait pas de livres à leur sujet; en tout cas, nul ne songerait à s'en étonner. Ils n'en existent et prouvent pas moins que, même de son vivant, l'homme peut assister, pour ainsi dire, à la séparation, au dédoublement de ses différents principes. Ils vont servir sans aucun doute à nous guider lorsque nous aborderons l'étude de l'homme considéré dans l'après-vie.

J'ai conseillé la lecture du « Phantasma of living », c'est ce que je souhaiterais que le lecteur eût appris à ne plus s'étonner ; car nous allons voir bientôt des choses plus extraordinaires encore et l'étonnement, comme la peur dont il est proche parent, est mauvais conseiller. Le livre d'érudition et d'expérimentation du commandant de Rochas est d'une lecture très instructive et prépare bien l'esprit à concevoir l'existence de forces puissantes « non définies » à côté de celles que nous connaissons approximativement par leurs effets quotidiens. Je ne saurais trop en recommander la lecture à ceux qui pourront en prendre communication à la Bibliothèque Nationale, car pour les mêmes raisons qui guidaient les savants anciens, le distingué membre de l'École polytechnique n'a pas voulu que son livre fût dans toutes les mains, et il n'en a fait tirer qu'un petit nombre d'exemplaires d'un prix relativement élevé (1).

*
* *

Plus de vingt ans après la découverte de la composition de l'air par Lavoisier, le chimiste Priestley, qui n'était pas le premier venu, s'en tenait encore, paraît-il, à la théorie du phlogistique imaginée par Stahl. Aujourd'hui, après les brillantes découvertes de Pasteur et les travaux de centaines de ses disciples ou de ses élèves, nombre de médecins et de chirurgiens n'admettent pas l'existence des microbes. Il convient d'ajouter que ce sont ceux qui vivent, comme on dit, sur ce qu'ils ont appris. Ne voulant pas se donner la peine d'étudier, d'expérimenter et, pour tout dire en un mot, de voir, ils cherchent l'excuse de leur ignorance dans un scepticisme de mauvais aloi et trouvent qu'il est plus facile de nier *à priori* que de travailler à s'instruire.

(1) De Rochas, *Op cit.*, Masson, édit. Paris.

Il en est de même des phénomènes sur lesquels je m'appuie pour démontrer l'existence, l'indépendance et la survie d'un principe intellectuel conscient chez l'homme.

On pourrait m'objecter que l'existence des phénomènes auxquels je me refère pour prouver celle du principe en question n'est pas démontrée et qu'il faudrait en faire avant tout la démonstration. Je répondrai que j'ai déjà fait cette démonstration, non pas le premier ni le seul, mais après plusieurs savants des plus honorables et des moins contestés. Je ne me pique pas, après tout, d'obliger les aveugles de parti pris à voir quand même.

Tant pis pour ceux qui s'obstineront à fermer les yeux.

CHAPITRE V

SOMMAIRE : Psychologie phénoménale. — C'est elle qui doit enseigner à l'homme sa véritable nature. — Médium : Qu'est-ce? — — Opinion du savant de Rochas sur certaines forces « non définies. ». — Force animique, éthérique, astrale, psychique. — Commatériels et abmatériels. — Apparence visible parfois de la force animique. — Différentes sortes d'*abmatérialisants*. — Passivité ordinaire de la médiummité. — Ses impulsions. — Faits de fascination. — Les yoghis décrits par un auteur arabe, il y a 600 ans. — Les yoghis d'aujourd'hui. — Résurrection d'un yoghi après plusieurs mois d'ensevelissement. — Il y a des « miracles » dans toutes les religions. — Quelle opinion le « Scientiste » doit-il professer à ce sujet?

S'il est une branche des connaissances humaines qui ait soulevé les discussions les plus passionnées, les controverses les plus ardentes, provoqué les négations *à priori* les moins justifiées en même temps que les enthousiasmes les moins réfléchis, c'est sans contredit la psychologie phénoménale.

C'est cependant dans cette science expérimentale que nous allons chercher les principales bases de la

9.

Science future. C'est elle qui doit enseigner à l'homme sa véritable nature en même temps qu'elle le rapprochera, autant qu'il sera permis à son intelligence, de la connaissance intime des choses.

Les phénomènes objectifs de la psychologie « externe » peuvent être étudiés à l'aide de sujets, d'individus doués d'une faculté spéciale et ordinairement passive d'abmatérialisation de l'énergie animique. Ces sujets sont désignés dans le langage moderne sous le nom de *médiums*.

Les médiums! voilà un mot qui sonne mal pour bon nombre de nerfs auditifs. Qu'est-ce qu'un médium? On a donné ce nom à certaines catégories d'individus qui sont sensé pouvoir servir d'intermédiaires — de médium — entre les vivants et les morts. Eh bien, oui! il est parfaitement exact que des individus prédisposés par leur constitution et s'entraînant ou non pour cet objet, peuvent servir d'intermédiaires entre les vivants et des *intelligences ordinairement invisibles* qui prétendent parfois — non toujours — être les esprits d'individus ayant vécu antérieurement de notre vie (1). Mais je

(1) De Rochas (*op. cit.*) dit à la fin de son livre : « Après avoir établi, à l'aide de phénomènes vérifiés par moi-même ou admis par tout le monde l'existence dans le corps humain d'une force

pense que l'on n'aperçoit là qu'un côté de cette intéressante question ainsi qu'on le verra par la suite.

* * *

L'homme tel que nous le voyons est une intelligence — globule émané de l'Intelligence Universelle — qui possède à son service *une force* empruntée à l'Énergie également universelle.

Cette force sous cette variété est d'une qualité élevée se rapprochant beaucoup, sans doute, de la forme supérieure de l'énergie nommée par les anciens savants *lumière astrale*, par les Orientaux *akasa* et dont la science moderne se fait une vague idée qu'elle rend par le mot « Ether » emprunté aux physiciens de l'Ecole grecque. Cette force subtile autant que puissante, pénètre dans le corps humain comme dans celui des animaux. Nous en avons une

analogue à l'électricité et pouvant rayonner au dehors, j'ai suivi, à l'aide de témoignages historiques, les manifestations de plus en plus puissantes de cette force, en montrant qu'il y avait entre elles un lien continu et qu'elles servaient parfois *à nous mettre en communication avec des êtres dont nous ignorons la nature.* » (J'ai souligné les derniers mots qui, dans le texte, ne le sont pas.)

provision qui siège dans tous les points où circule le fluide nerveux, c'est-à-dire dans le corps entier, mais en plus grande quantité et comme en autant de réservoirs, dans l'axe cérébro-spinal et surtout dans les grands plexus sympathiques; le plexus solaire paraissant, d'après les documents anciens et aussi d'après ma propre expérience, être pourvu de cette force dans une très large mesure. Ce n'est pas sans raison que les anatomistes ont donné le surnom de *cerveau abdominal* à ce dernier plexus.

Cette force animique, éthérique, astrale, etc., empruntée à l'Ether, reste dans les conditions normales et, en apparence tout au moins, strictement limitée à la substance qui compose le corps et comme emprisonnée dans son enveloppe : c'est un état que je propose de nommer *commatériel* (*cum materia*). La grande majorité des êtres humains, pour ne parler que de ceux-là, sont des commatériels. Mais il existe des individus qui, naturellement ou par suite du régime diététique dont j'ai fait mention, possèdent la faculté, le pouvoir d'extérioriser, c'est-à-dire de projeter, d'étendre leur force animique à une distance plus ou moins éloignée de leurs personnes et de faire produire à cette force des phénomènes de divers ordres aussi bien sur les plans physique et animique que sur le plan intellectuel. Cette force, que dans ces derniers temps des savants éminents (voir mon livre sur le spiritisme) ont appelée *psychique*, se trouve dans un état *abmatériel* (*ab materia*), c'est-à-dire hors de la matière qui la condense et l'emmagasine d'ordinaire et qu'elle *anime* : c'est pourquoi je préfère la nommer *animique*.

Le premier degré d'extériorisation de la force animique sous l'influence de la volonté a été mis en évidence ainsi que je l'ai dit plus haut par le Dr Barety qui a cru devoir donner à cette force le nom de *force neurique rayonnante*.

Lorsqu'on se trouve dans l'obscurité auprès d'une personne dont la force animique s'abmatérialise en abondance (par exemple, dans les séances où l'absence de lumière est requise), on peut la voir flotter sur les vêtements de l'individu dont elle émane, et principalement au niveau de la région épigastrique ou des gros troncs artériels, sous forme de matière vaporeuse et lumineuse. On se fera une idée de cette lueur par l'illusion qu'elle me produisit une fois : J'étais allé voir un de mes clients, malade au retour d'un voyage, dans une maison de la rue de Maubeuge, à Paris. Cet homme était médium de profession et à la suite d'expériences successives que d'autres personnes avaient faites avec lui, il était dans un état prononcé de prostration nerveuse. Il ne pouvait supporter la lumière ni le bruit et restait étendu sur son lit où il geignait comme un enfant. Lorsque j'entrai dans sa chambre, vers neuf heures du soir, il y régnait une obscurité à peu près complète. Tout à coup, pendant que je l'interrogeais, je vis une clarté sur l'un de ses bras qui m'apparut alors distinctement. Je pensai d'abord qu'un rayon de lune pénétrait dans la pièce à travers une fente des persiennes mal closes et je me plaçai en me dressant (j'étais assis), entre la lueur en question et la fenêtre. Mon mouvement n'amena aucun changement dans l'éclat, faible d'ailleurs, projeté par cette sorte de lumière lunaire. De plus je m'assurai qu'il n'y avait pas de clair de lune ni aucune lumière provenant de la fenêtre. D'autres points lumineux se montrèrent çà et là sur le corps du patient qui paraissait tout à fait inconscient du phénomène; j'essayai de les toucher : je ne sentis rien d'anormal, seulement ils disparaissaient au contact de ma main. J'approchai mon visage des endroits où la lueur se montrait et ne sentis aucune odeur de phosphore. D'ailleurs l'aspect de cette sorte de petit nuage lumineux ne ressemblait en aucune façon aux fumées blanchâtres et onduleuses produites par ce corps lorsqu'on en frotte les objets dans l'obscurité.

J'ai eu maintes fois l'occasion de voir, chez des sujets bien doués, le dégagement de cette force et sa *condensation en plein jour*, sous une forme ou sous une autre. Je ne saurais mieux, alors, caractériser son aspect qu'en le comparant à l'*état vésiculaire* qui précède l'état liquide du gaz acide carbonique lorsqu'on le liquéfie sous pression dans un tube de verre. A ce propos je dois dire (non que mon intention soit d'établir aucune comparaison, puisque le gaz s'échauffe par la compression) que lors du dégagement de cette force du corps des sujets, on éprouve, surtout en été ou dans une atmosphère tiède, une vive impression de fraîcheur. C'est un phénomène que j'ai signalé dans mes expériences antérieures (1).

Mais les médiums ne sont pas les seuls à développer cette force animique, à l'extérioriser : d'autres *extériorisants* bien supérieurs aux médiums peuvent exister et existent réellement. Seulement à l'inverse de ces derniers, ils ne laissent aucune influence étrangère diriger leur « corps astral »,

(1) Spiritisme et fakirisme, etc., *op. cit.*

c'est-à-dire leur force animique extériorisable. C'est leur propre esprit qui la dirige. Le médium spirite, au contraire, est le plus souvent le jouet ou tout au moins l'instrument d'influences occultes parfois très inférieures sinon très mauvaises : pour ma part, j'en ai vu des exemples frappants. De plus, étant un être essentiellement passif, le médium, est non seulement dirigé par des influences étrangères occultes, bonnes, mauvaises ou indifférentes, mais il peut être dominé, guidé, entraîné par ses propres mauvaises passions : mal contenus par la volonté qui prend l'habitude d'abdiquer au profit d'une passivité nécessaire à la production des phénomènes, les besoins de son corps physique, énervé par des pertes successives d'énergie animique, ne peuvent que difficilement être réfrénés. Aussi, à part quelques exceptions des plus honorables, voit-on généralement le même médium produire les phénomènes « psychiques » les plus authentiques, les moins discutables à côté de tricheries odieuses et parfois grossièrement dissimulées. J'ai connu un médium, jeune homme très honnête, ne faisant pas métier de sa médiummité et avec lequel on obtenait divers phénomènes de lévitation et de mouvements d'objets, tout à fait réels. Il m'a avoué que maintes fois il s'était senti comme poussé à ajouter quelque chose à ce qu'il produisait ; il avait une envie violente de simuler un phénomène quelconque alors qu'il pouvait avec ses facultés naturelles obtenir mieux. Analysant cette sorte d'impulsion, il me disait qu'elle naissait, pour une part, du désir d'étonner les assistants ; pour une autre part, du plaisir de tromper son semblable, de lui faire « un bon tour » ; en troisième lieu de la crainte de la fatigue, car après des séances où des phénomènes intenses ont été obtenus, les médiums sont parfois exténués ; mais il ajoutait que quelqu'autre cause, dont il ne se rendait pas compte (sans doute d'une nature impulsive) se joignait à toutes les précédentes et se faisait sentir plus pressante. Il m'assura d'ailleurs qu'il avait toujours résisté à la tentation. Bref, le médium spirite ordinaire est un passif, un impulsif, et souvent un être incomplet : j'ai connu un impuissant et un hermaphrodite parmi les médiums que j'ai étudiés.

De même qu'un médium peut naître ainsi, ou développer artificiellement sa faculté passive, de même aussi on peut, par un entraînement plus ou moins long, plus ou moins pénible — surtout si on naît sans dispositions — parvenir à extérioriser sa force animique tout en la conservant pour son propre compte sous le contrôle de la volonté. C'est ainsi que M. de Rochas cite le cas de Fabre d'Olivet, qui pouvait faire venir dans sa main, d'une certaine distance, tel livre de sa bibliothèque qu'il lui plaisait. Le même auteur cite également un homme, vivant sans doute encore au moment où j'écris, qui, par sa volonté, pouvait, en regardant un oiseau quelconque chantant sur la branche d'un arbre, le faire venir dans sa main. On connaît l'histoire d'Apollonius de Tyane et celles qu'on lit par centaines dans la *Vie des Saints*. Tous les voyageurs qui ont séjourné un certain temps en Orient ont vu les choses les plus intéressantes dans ce genre. Mon intention étant de faire ce travail aussi court que possible, je ne veux pas y faire entrer tout ce qui pourrait être écrit sur le sujet : le lecteur désireux de s'instruire trouvera dans mon précédent ouvrage sur la question, les renseignements qui lui seront nécessaires. Je ne citerai que deux faits relatés dans une lettre qui m'a été adressée à la suite d'une conversation tenue chez M. Maurel, alors député du Var, par M. C. Demôle, un de nos consuls dans l'extrême Orient. Voici quelques passages de cette lettre, que son auteur m'a autorisé à reproduire.

Après avoir débuté par une profession de foi

matérialiste et sceptique, mon correspondant continue ainsi :

« En 1872, pendant le mois de juillet, au Cambodge, je me trouvais avec un bonze et quelques personnes de ma connaissance (parmi elles, M. D... nous a dit, au cours de notre conversation antérieure, qu'il se trouvait un missionnaire catholique) dans une salle attenant au collège des Bonzes (M. D... ne dit pas dans quelle ville : il l'avait nommée pendant notre entretien, mais je n'en ai pas gardé le souvenir). Nous discutions au sujet de notre religion et de ses miracles... »

Le bonze soutenait qu'un miracle ne prouvait rien et proposa d'en faire un :

« ..... Nous étions six personnes l'entourant et l'observant avec attention pendant qu'il faisait des gestes de magnétiseur en nous regardant fixement l'un après l'autre ; quand tout à coup il nous sembla qu'un nuage l'enveloppait graduellement, et en l'espace de trente secondes il disparut. Un instant après, il rentrait par une porte du fond, en venant vers nous, avec un air grave, nous demandant si nous étions convaincus de sa puissance.

« Un autre fait est celui-ci :

« J'ai vu aux Indes anglaises, à Bombay, un Indien,

qui nous fit tenir (nous étions cinq) entre le pouce et l'index, le bord d'une coupe en cuivre repoussé ayant environ 40 centimètres de diamètre et montée sur pied. Nous étions dans un salon médiocrement éclairé. Après une foule de gestes et d'invocations à Brahma, qui durèrent bien vingt-cinq minutes, nous nous aperçumes avec stupéfaction que la coupe avait disparu tandis que nous la regardions et la touchions. Nos doigts (pouce et index) étaient engourdis et insensibles au toucher. Comment cela s'est-il passé ? Je n'ai rien pu savoir, j'ai moi-même regardé la table sur laquelle on avait mis la coupe et rien ne m'a fait supposer qu'il existait un creux au-dessous par où on aurait pu faire passer un objet de cette dimension, et pourtant le premier fait, qui présente un certain rapport avec celui-ci, m'avait mis en éveil et je surveillais les moindres agissements du fakir.

« Depuis cette époque, j'ai toujours cherché l'occasion de voir de pareils exemples mais en vain. Je n'ai jamais vu que de vulgaires tours d'escamotage faits par des Indiens, différant énormément des deux précédents par la taille et la physionomie.

« L'Indien à la coupe était, j'en suis convaincu, un descendant de cette race d'hommes supérieurs que l'on nomme *Celtes*, *Brahmes* ou *Arias*. La taille du bonze dont j'ai parlé ainsi que celle de l'Indien était d'environ 1m80 centimètres. Les deux avaient le teint blanc mat, le profil grec, les yeux très noirs et d'une fixité extraordinaire.

« Voilà, mon cher docteur, ce que j'ai vu moi-même et me fais un plaisir de vous raconter.....

Veuillez agréer, etc...

C. DEMÔLE,
61, rue Dauphine.
Paris, 31 octobre 1886.

A M. LE Dr PAUL GIBIER,
23, rue de Palestro. Paris.

Les cas de M. de Rochas, un certain nombre d'exemples pris dans *la Vie des Saints*, ceux qui m'ont été communiqués dans la lettre précédente, sont, ou peuvent être produits par la force animique extériorisée et guidée par la volonté.

Cette force qui, à notre insu, entretient la vie de nos organes en modifiant la matière assimilable, est capable, lorsqu'elle est méthodiquement dirigée par la volonté de l'*extériorisant* aussi bien que l'orsqu'elle l'est par l'intervention d'une intelligence extérieure, de faire subir aux corps inertes des changements molléculaires soudains et inexplicables — en l'état actuel de ce que l'on connaît sous le nom de science

— et même d'influencer d'une manière considérable les sens des hommes ou des animaux.

Avant d'écrire au sujet des médiums quelques pages qui me serviront de transition pour donner une idée de la condition probable de l'être humain dans l'après-vie, je crois qu'il ne sera pas sans intérêt de donner encore un exemple des choses extraordinaires que peuvent accomplir des hommes, qui, par la volonté ferme, la concentration de pensée, la diététique spéciale, en un mot, acquièrent des pouvoirs psychiques *surnormaux* et donnent à leurs corps des facultés nouvelles et inconnues.

Il y a six cents ans, un savant arabe, Ibn Kaldoun, dans ses *Prolégomènes de l'Histoire Universelle*, traitait à peu près le même sujet que celui qui m'occupe en ce moment (1). Et cet auteur, parlant des hommes qui se livrent à un entraînement d'une nature particulière « afin d'obtenir la faculté de voir les choses cachées et de faire planer leur âme dans les divers mondes des êtres », écrivait : « On les rencontre surtout dans l'Inde, où ils portent le nom de *djoguis*. Ils ont beaucoup de livres qui traitent de la

(1) V. Traduct. française, t. XIX, des *Notices* et *Extraits des Manuscrits*. V. aussi de Rochas, *op. cit.*

manière dont ces exercices doivent se faire. On raconte au sujet des djoguis des histoires surprenantes » (p. 226).

Ainsi qu'on le voit par cet extrait, il y a six cents ans aussi bien qu'aujourd'hui, l'Inde était considérée comme le berceau du merveilleux. C'est là, en effet, qu'on rencontre des communautés d'individus qui se forment, par une longue et pénible éducation, un tempérament particulier, une nouvelle nature dans le but d'obtenir ces pouvoirs psychiques tant désirés et aussi, hâtons-nous de le dire, pour une fin dont je n'ai pas à apprécier ici la réalité, mais dont l'idéal est tout ce qu'il y a de plus beau et de plus élevé.

S'il est un sujet d'étonnement c'est bien de voir ce que l'homme est capable de faire de lui-même, lorsqu'il est guidé par une volonté inflexible que rien ne saurait détourner du but qu'elle s'est proposée. En Europe, nous avons eu quelques jeûneurs qui sont restés plusieurs semaines sans prendre d'autre substance que de l'eau pure. Mais dans l'Inde les « jeûneurs » sont autrement forts et pour ne parler que des djoguis ou yoghis dont Ibn Kaldoun fait mention dans ces *Prolégomènes*, on connait certains cas de mort apparente provoquée qui ont duré plusieurs semaines et même plusieurs mois, si on en croit les récits de savants européens comme le physiologiste allemand Preyer, le docteur E. Sierke, de Vienne, le naturaliste Hœckel, etc.

On se fera une idée de la persévérance de ces yoghis; on verra à quelles effrayantes macérations ils livrent froidement leur corps par l'histoire suivante que je résume d'après une relation longue et détaillée faite par un témoin oculaire, le docteur Honigberger, et confirmée par Sir Claudius Wade, ministre résident anglais à Lahore (1).

Le docteur Honigberger est un médecin autrichien qui, pendant plusieurs années, a rempli les fonctions de médecin particulier près de Runjet Sing, rajah de Lahore.

Quant aux yoghis, disons de suite que ce sont des ascètes solitaires vivant ordinairement dans les bois ou sur les montagnes. Ce sont des religieux d'un ordre brahmanique.

Donc voici cette histoire, d'après des documents dignes de foi :

Après avoir longuement médité sur le choix d'une existence, jugeant sans doute par l'examen de ses

(1) V. aussi « *Le Temps* » n° du 31 octobre 1883.

vies antérieures qu'il était temps pour lui de terminer son cycle et de se confondre avec Brahma, dans un Nirvâna éternel, c'est-à-dire avec l'Intelligence Universelle, le brahme Haridès se fit ermite et commença la série des exercices religieux physiques et intellectuels qui constituent l'entraînement vers ce que le docteur Reyer appelle l'*anabiose* et que les Indous nomment *Yog vidya* et *Bu-Stambha* ou *Vaju-Stambha*, c'est-à-dire l'art de produire (par l'extase et l'éloignement des élémentaux, — génies, forces intelligentes — de la terre ou de l'eau) une suspension complète et *non périlleuse* des fonctions vitales. Dans cet état, on peut se faire enterrer pendant un temps fort long et revenir ensuite à la vie, ou flotter sur l'eau sans être submergé.

Après s'être construit une sorte de cellule à demi souterraine, n'ayant qu'une porte étroite, Haridès, aidé de ses disciples, y pénétra et s'étendit sur une couche molle de peaux laineuses et de coton cardé. Quand l'ascète fut installé dans cette loge, ses serviteurs en fermèrent la porte avec de la terre glaise; et alors, assis dans la position du *Pamadzan* ou étendu sur sa couche, il concentra sa pensée en récitant des prières sur le chapelet brahmanique, ou en méditant profondément sur la divinité. Tout d'abord il ne resta que quelques minutes, puis quelques heures et, enfin, il demeura pendant plusieurs jours dans son étroit caveau afin de s'habituer graduellement au manque d'air. En même temps, il commença l'exercice du *Pranayama* ou suspension du souffle. Il fit pranayama d'abord pendant cinq, puis dix, puis vingt-et-une, puis quarante-trois, puis quatre-vingt-quatre minutes.

De plus, il se fit pratiquer sous la langue une série de vingt-quatre petites incisions; une incision chaque semaine. Ces opérations, accompagnées de massages, ont pour but de faciliter le renversement de la langue dans le pharynx, de manière à fermer l'ouverture de la glotte durant l'*anabiose*.

Pendant tout le temps de ces préparations, le solitaire observa toutes les règles du yoguisme, il ne se nourrit que de végétaux et s'abstint complètement de tout commerce charnel.

Enfin quand il fut prêt à subir l'épreuve, il s'y soumit, et peut-être plusieurs fois, avant de se présenter devant la cour de Lahore.

Pourquoi se présenta-t-il devant le rajah Runjet-Sing? Je suppose qu'il venait soit pour l'engager à se convertir s'il était musulman, soit comme autrefois les prophètes d'Israël, pour reprocher à ce roi ses fautes, (les rois commettent tous des fautes : ils sont hommes) à la Cour sa dissolution et aux uns comme aux autres prêcher la pénitence et l'amendement. Et pour donner à tous une preuve de sa mission divine, il s'offrit à montrer qu'il pouvait rester sous terre, dans un cercueil, pendant des semaines et des mois et renaître ensuite à la vie !

Sa proposition fut acceptée.

Haridès le yoghi, fit ses derniers préparatifs. Il purifia son corps extérieurement par les ablutions et intérieurement par le jeûne et le suc des plantes sacrées, il nettoya son estomac non avec un tube, comme dans le lavage moderne, mais avec de longues bandes de toile fine qu'il avala et retira ensuite par la bouche.

Lorsque le jour arrêté fut venu, une foule immense s'assembla. Haridès, entouré de ses disciples et accompagné par le rajah et sa Cour, s'avança gravement sur le lieu de l'épreuve. Après qu'on eut étendu un linceul de lin sur le sol, il se plaça au milieu et tournant son visage vers l'Orient, il s'assit en croisant les jambes dans l'attitude *pamadzan* de Brahma assis sur le lotus. Il parut se recueillir un instant, puis il fixa ses regards sur la pointe de son nez après avoir renversé sa langue dans le fond de sa gorge. Bientôt ses yeux se fermèrent, ses membres se raidirent : la catalepsie ou plutôt la *Thanatoïdie* (1), (mot nouveau que je propose), c'est-à-dire un état semblable à la mort, se présenta.

Les disciples du solitaire s'empressèrent alors de lui aviver les lèvres et de lui fermer les oreilles et les narines avec des tampons de lin enduits de cire, sans doute pour le protéger contre les insectes. Ils réunirent les quatre coins du linceul au-dessus de sa tête et les nouèrent ensemble. Le sceau du rajah fut mis sur les nœuds et le corps fut enfermé dans une caisse en bois, de quatre pieds sur trois, que l'on ferma hermétiquement et qui fut également recouverte du sceau royal.

Un caveau muré, préparé à trois pieds sous terre pour contenir le corps du yoghi, reçut la caisse, dont les dimensions s'adaptaient exactement à ce tombeau. La porte fut fermée, scellée et bouchée complètement avec de la terre glaise.

Cependant, des sentinelles étaient ordonnées pour

(1) De Θάνατος, mort, et εἶδος, forme. Le mot Léthargie, ne signifie pas mort apparente, comme on le croit vulgairement, mais sommeil profond, pathologique. Etymologie : λήθη, oubli, et αργία paresse, engourdissement. Anabiose me paraît un mot impropre en ce sens qu'il signifie privation de vie, ce qui n'est pas exact.

veiller nuit et jour autour du sépulcre, qu'entouraient d'ailleurs des milliers d'Indous accourus pieusement, comme à un pèlerinage, à l'ensevelissement du saint.

Au bout de six semaines, terme convenu pour l'exhumation, une affluence de spectateurs encore plus grande accourut sur le lieu de l'événement. Le rajah fit enlever la terre glaise qui murait la porte et reconnut que son cachet, qui la fermait, était intact.

On ouvrit la porte, la caisse fut sortie avec son contenu, et quand il fut constaté que le cachet dont elle avait été scellée était également intact, on l'ouvrit.

Le docteur Honigberger fit la remarque que le linceul était recouvert de moisissures, ce qui s'expliquait par l'humidité du caveau. Le corps du solitaire, hissé hors de la caisse par ses disciples, et toujours entouré de son linceul, fut appuyé contre le couvercle; puis, sans le découvrir on lui versa de l'eau chaude sur la tête. Enfin, on le dépouilla du suaire qui l'enveloppait, après en avoir vérifié et brisé les scellés.

Alors le docteur Honigberger l'examina avec soin. Il était dans la même attitude que le jour de l'ensevelissement, seulement la tête reposait sur une épaule. La peau était plissée; les membres étaient raides.

Tout le corps était froid, à l'exception de la tête, qui avait été arrosée d'eau chaude. Le pouls ne put être perçu aux radiales pas plus qu'aux bras ni aux tempes. L'auscultation du cœur n'indiquait autre chose que le silence de la mort...

La paupière soulevée ne montra qu'un œil vitreux et éteint comme celui d'un cadavre.

Les disciples et les serviteurs lavèrent le corps et frictionnèrent les membres. L'un d'eux appliqua sur le crâne du yoghi une couche de pâte de froment chaude, que l'on renouvela plusieurs fois, pendant qu'un autre disciple enlevait les tampons des oreilles et du nez et ouvrait la bouche avec un couteau. Haridès, semblable à une statue de cire, ne donnait aucun signe indiquant qu'il allait revenir à la vie.

Après lui avoir ouvert la bouche, le disciple lui prit la langue et la ramena dans sa position normale, où il la maintint, car elle tendait sans cesse à retomber sur le larynx. On lui frictionna les paupières avec de la graisse, et une dernière application de pâte chaude fut faite sur la tête. A ce moment, le corps de l'ascète fut secoué par un tressaillement, ses narines se dilatèrent, une profonde inspiration s'en suivit, son pouls battit lentement et ses membres tiédirent. Un peu de beurre fondu fut mis sur la langue, et après cette scène pénible, dont l'issue paraissait douteuse, « les yeux reprirent tout à coup leur éclat. »

La résurrection du yoghi était accomplie. Et comme il aperçut le rajah, il lui dit simplement : « Me crois-tu maintenant? »

Il avait fallu une demi-heure pour le ranimer, et « après un laps de temps égal, bien que faible encore, mais revêtu d'une riche robe d'honneur, et décoré d'un collier de perles et de bracelets d'or, il trônait à la table royale ».

A quelque temps de là, le rajah ayant sans doute mis le yoghi au défi, ce dernier se fit de nouveau ensevelir, mais cette fois-ci à six pieds sous le sol. La terre fut battue autour de son cercueil, le caveau fut muré, de la terre fut répandue dessus et on y sema de l'orge. Toujours d'après les mêmes témoins oculaires, Haridès fut laissé *quatre mois* dans ce tombeau; au bout de ce temps, il revint à la vie comme la première fois.

Ces faits sont tellement en dehors de tout ce que la physiologie nous apprend sur les conditions habituelles de la vie humaine, qu'on ne peut s'empêcher tout d'abord de penser tout au moins : « Je voudrais bien le voir... » Mais, ainsi que le remarque l'écrivain auquel j'ai emprunté cette relation « il serait téméraire de contester ces faits par l'unique raison que nous ne pouvons encore les expliquer. » J'ajouterai que l'explication ne saurait se faire longtemps attendre encore.

Quoi qu'il en soit, avant de repousser *à priori* les relations comme celle qui précède, il est bon de se rappeler que des centaines de voyageurs ont été d'accord dans les récits qu'ils ont donnés concernant des faits du même genre observés dans l'Inde. Que, de plus, la religion brahmanique, mystique au plus haut degré, pousse ses adeptes vers ce genre de macérations et d'auto-tortures. Et qu'enfin des hommes comme les brahmes de l'Inde, qui étudient le côté psychologique de la biologie humaine depuis tant et tant de siècles, peuvent être supposés en savoir sur ce sujet un peu plus long que nous, qui ne faisons que commencer à entrevoir les choses.

Il serait plus sage de songer à unir la science moderne, exacte et positive, à l'ancienne tradition que paraissent avoir conservée intacte les savants de l'Inde, dont les pères ont sans doute inspiré l'Égypte et la Grèce ainsi que les fondateurs des grandes religions qui partagent aujourd'hui l'humanité.

* * *

Il est à noter que les choses dites miraculeuses sont accomplies partout par des personnes réputées saintes, quelle que soit d'ailleurs la religion à laquelle elles appartiennent. Seulement, dans chaque religion, à peu près, on attribue à l'intervention du diable les soi-disant miracles qui sont produits par les « saints » des religions rivales, tandis que ceux qui portent la bonne marque sont dus à la grâce divine.

Nous n'avons pas à nous occuper de ces opinions et encore moins à les discuter. Suivant la devise des maharajahs de Benarès : « Il n'y a pas de religion plus élevée que la Vérité. » Et comme la science n'est que la somme des voies et moyens propres à mener à la connaissance de cette Vérité, ses fidèles sont tenus, pour ne pas être distraits par des symboles dénaturés et obscurcis, d'établir leur culte privilégié en dehors de toute église : la voûte étoilée des Cieux étant le seul temple digne d'abriter l'idée qu'ils doivent se faire de la Divinité.

CHAPITRE VI

SOMMAIRE : Pouvoirs *sur-ordinaires*, nouvelles facultés que l'homme peut acquérir. — Dangers de l'entraînement imposé pour l'acquisition de ces facultés. — Exemple récent et actuel de ces dangers : toute une association de mystiques se livrant aux actes les plus immoraux. — Dangers que présentent les séances spiritistes et d'une manière générale les recherches psychiques faites sans méthode. — Les intelligences inférieures s'emparent de la force animique des médiums. — Dangers redoutables des séances obscures. — Faits servant d'exemples à l'appui de cette allégation. — Un expérimentateur blessé presque mortellement, un autre blessé grièvement. — Autres faits qui ont été observés personnellement par l'auteur. — Conseils à ce sujet.

Ainsi, l'homme peut acquérir une puissance d'extériorisation ou d'abmatérialisation de son esprit et de sa force animique qui lui permet de produire des phénomènes en apparence contraires aux lois naturelles ordinairement observées et actuellement connues de la science occidentale moderne.

J'ai lu beaucoup de choses très intéressantes au sujet d'hommes doués de cette faculté, vivant à l'état de fraternités, de phalanstères, dans les solitudes du Thibet ou sur les montagnes de l'Hymalaya : je ne sais si l'existence de ces *adeptes* parmi les brahmes des degrés supérieurs, ou celle des *Mahatmas* (comme certains d'entre eux s'appelleraient) est réelle ; je ne saurais douter cependant que le fait de cette existence soit possible : ce que j'ai vu s'y oppose.

Est-ce à dire que je veuille recommander la pratique du yoguisme et ses macérations comme moyen d'investigation? Pas le moins du monde. Mais la science positive avec ses procédés expérimentaux, sa méthode inductive et déductive, prend son bien où elle le trouve. A ce titre, je ne pense pas qu'on doive blâmer l'investigateur qui étudie les phénomènes déterminés par ces hommes qu'on appelle yoghis, fakirs, médiums, etc., lesquels, usant de leur part de libre arbitre, ont soumis volontairement leur corps et leur esprit à des traitements parfois cruels dans un but dont, une fois encore, je n'ai à discuter ici ni la légitimité ni la valeur. Il me semble, au contraire, que c'est bien à tort qu'on négligerait l'étude de ces disloqués de l'esprit plutôt que celle des sujets de la dislocation physique, à qui parfois, parait-il, au moyen d'une opération financière qu'on pourrait appeler macabre, on escompte leur squelette à condition qu'ils l'abandonneront aux musées des facultés de médecine.

Je tiens à faire savoir que, loin d'encourager personne à se lancer sur les traces des yoghis ou des fakirs, j'ai signalé antérieurement (V. mon ouvrage sur le spiritisme) les dangers que peuvent faire courir les recherches psychiques. J'ajouterai qu'en ce qui concerne l'entraînement destiné à développer les facultés supérieures d'*abmatérialisation*, il conduit presque toujours à la démence ou à une péjoration des penchants, et parfois à l'éclosion de nouvelles passions dépendant le plus souvent d'une aberration du sens génésique. La nature comprimée reprend un jour ses droits avec usure, si la compression vient à faiblir. C'est ainsi que, suivant l'expression de Pascal, à force de vouloir faire l'ange, on finit souvent par faire la bête (1).

* * *

Je connais pour ma part plusieurs exemples terribles de cette perversion dont je viens de parler.

(1) *Pensées*, ch. X.

En voici un : Un écrivain anglais de talent, mort depuis peu de temps, voulut, à une certaine période de sa vie, acquérir des facultés *sur-ordinaires*. Il quitta la haute situation qu'il occupait dans le monde politique et littéraire de la Grande-Bretagne et se mit à la recherche de l'Occulte. Il s'adonna à la vie la plus dure qu'on puisse imaginer, puis il écrivit des livres qui font encore aujourd'hui l'admiration des mystiques et des étudiants « en occultisme ». Aux État-Unis, il s'affilia à une société mystico-religieuse dont il se sépara le jour où il prit fantaisie au chef de cette petite église de se faire passer pour le bon Dieu en personne. En Amérique, comme on le sait, ce genre d'imposture ou de folie n'est pas très rare, et un succès relatif l'encourage à se produire (2).

A force de prosélytisme, servi d'ailleurs par une éloquence onctueuse et persuasive, le candidat yoghi se fit le pourvoyeur et le chef d'une nouvelle religion qui enseignait le sacrifice de soi-même et l'union des âmes, des esprits dans un « sympneuma » séraphique. Mais alors il avait mis de côté les jeûnes, les méditations, l'isolement mauvais conseiller (*vie*

(1) V. le *New-York Herald* du 12 mai 1889. Article intitulé : *A remarkable impostor*.

soli!) et les macérations de la chair, pour adopter une vie relativement fastueuse. Il avait réussi à fonder en Orient une communauté où se trouvaient un certain nombre de jeunes filles et femmes anglaises ou américaines de bonne société. La communauté avait — et a encore au moment précis où j'écris — des adhérents et des adhérentes en Europe — même à Paris — et en Amérique. J'en connais quelques-uns des deux sexes. Eh bien! derrière le piétisme et le mysticisme raffinés des adeptes se cachaient et se cachent encore les pratiques obscènes les plus dégoûtantes élevées à la hauteur d'un principe et d'un culte *ad majorem Dei gloriam*.

Après la mort du faux prophète, ses disciples se préparaient à répandre, par initiations occultes, les doctrines qui leur avaient été secrètement confiées, et après des précautions que l'on devine; un convoi de jeunes gens des deux sexes, quelques-uns mariés, se préparait à partir pour le Levant, lorsqu'une jeune néophyte du nouveau Priape onanique eut les yeux ouverts à temps : le charme de la suggestion s'était rompu. Elle fit avec une grande abnégation tout son possible pour réparer le mal accompli et l'empêcher de se perpétrer à nouveau. Grâce à elle, aujourd'hui l'association est en train de se désagréger.

Je suis convaincu que l'homme qui fut la cause de la perte d'un nombre trop grand d'esprits, corrompus et fanatisés en même temps par ses enseignements apologétiques du vice, n'était qu'une sorte d'inconscient. Si j'avais, comme médecin légiste, à me prononcer sur sa responsabilité, j'hésiterais sur la question de savoir si je ne devrais pas la considérer comme atténuée, en raison du dérangement cérébral qu'ont pu amener les pratiques occultes auxquelles il s'est livré jadis. Pour parler le langage des kabbalistes, il n'a pu vaincre « le gardien du seuil » et le sphynx l'a dévoré.

Voilà un exemple, que je garantis authentique (1), des dangers auxquels sont exposés ceux qui se lancent à corps perdu à la recherche de l'Inconnu mystérieux sans se guider sur le phare de la philosophie positive et sans s'être imprégnés, avant tout, des principes rigoureux de la méthode scientifique.

*
* *

Je viens de parler des dangers que pouvait faire

(1) J'ai en ma possession des pièces irréfutables, et je pourrais, dans une prochaine édition, citer des noms connus, si j'y étais obligé. Du reste, l'histoire est en train de faire le tour de l'Angleterre et de l'Écosse.

courir l'emploi des pratiques destinées à developper les « pouvoirs occultes » ; il me reste à signaler les accidents redoutables auxquels s'exposent ceux qui, sans méthode, se livrent aux recherches spiritistes à l'aide de médiums.

J'ai fait allusion, ailleurs, aux inconvénients qui résultent, pour la raison de ceux qui n'auraient pas le système nerveux très solide, de l'étude de la psychologie phénoménale.

D'une manière générale, je ne pense pas qu'il soit bien *sain* de se livrer assidûment à la pratique des évocations : on n'est pas toujours maître de recevoir qui on veut, et lorsque le médium, devenu passif, laisse échapper son énergie animique (force, fluide vital, périsprit des spirites) la première intelligence mauvaise qui se trouve attirée par certaines influences magnétiques d'ordre inférieur, la première *larve* venue, selon l'expression des occultistes, peut s'en emparer et causer des malheurs irréparables.

C'est principalement dans les séances obscures que pareils faits peuvent avoir lieu.

Ainsi je connais, entre autres, deux faits particulièrement instructifs à cét égard. Le premier eut lieu il y a peu de temps en Angleterre : trois *gentlemen*, dans le but de s'assurer si certaines allégations spirites étaient exactes, s'enfermèrent, un soir, sans lumière, dans la chambre d'une maison inhabitée, non sans s'être engagés par un serment solennel à être absolument sérieux et de bonne foi.

La pièce était complètement nue et avec intention ils n'y avaient introduit que trois chaises et une table autour de laquelle ils prirent place en s'asseyant.

Il fut convenu qu'aussitôt que quelque chose d'insolite se passerait, le premier prêt ferait de la lumière avec des allumettes bougies dont chacun s'était muni. Ils étaient immobiles et silencieux depuis un certain temps, attentifs aux moindres bruits, aux plus légers frémissements de la table sur laquelle ils avaient posé leurs mains entrelacées. Aucun son ne se faisait entendre; l'obscurité était profonde et peut-être les trois évocateurs improvisés allaient-ils se lasser et perdre patience, lorsque soudain un cri strident de détresse éclate au milieu du silence de la nuit. Aussitôt, un fracas épouvantable se produisit et une grêle de projectiles se mit à pleuvoir sur la table, le plancher et les opérateurs.

Rempli de terreur, l'un des assistants, alluma une bougie, ainsi qu'il était convenu, et quand la lumière eut dissipé les ténèbres, deux d'entre eux se trouvèrent seuls en présence et s'aperçurent avec effroi que leur compagnon manquait ; sa chaise était renversée à une extrémité de la pièce.

Le premier moment de trouble passé, ils le retrouvèrent sous la table, inanimé et la tête ainsi que la face couvertes de sang.

Que s'était-il donc passé?

On constata que le manteau de marbre de la cheminée avait été descellé d'abord et qu'il avait été projeté ensuite sur la tête du malheureux homme et brisé en mille pièces.

La victime de cet accident resta près de dix jours sans connaissance, entre la vie et la mort, et ne se remit que lentement de la terrible commotion cérébrale qu'elle avait reçue.

L'histoire m'a été contée par un homme des plus dignes de foi, qui la tenait de l'un des acteurs de la scène.

* * *

Le deuxième cas d'accidents survenus pendant une séance obscure est arrivé à M. P.., un des membres les plus distingués de la presse parisienne, qui me l'a communiqué.

M. P. avait été invité à assister, dans une maison

particulière à Passy, à une séance spirite dans laquelle la « force animique » était fournie par M. Sh., un médium américain bien connu.

A un moment donné, le médium se mit au piano ; différents instruments à cordes, notamment une guitare, furent placés sur une table hors de sa portée. Les assistants firent le cercle en se tenant les mains, et les lampes furent éteintes. Le médium joua un air quelconque sur le piano et bientôt on entendit les instruments faire leur partie en flottant dans la chambre au-dessus des assistants, près du plafond, s'approchant, s'éloignant et se faisant entendre successivement dans différents points de la pièce.

Tout à coup, M. P. se sent frappé au front, il y porte vivement la main et, tout étourdi du coup, il s'écrie qu'il est blessé et que son sang coule. En même temps, une guitare lui tombait sur les genoux. En effet, quand on eut rallumé, on vit qu'il avait la main et le visage pleins de sang : la guitare l'avait frappé d'un de ses angles sur la partie médiane du front où se voyait une large entaille dont M. P. portera la cicatrice toute sa vie.

M. P. s'intéresse toujours aux choses occultes, mais il ne faut pas l'inviter à une séance le soir, sans lumière.

* * *

Dans le cours de mes nombreuses expériences, surtout au début, il m'est arrivé à moi-même plusieurs aventures plus ou moins désagréables dont l'une faillit tourner au tragique. Non pas que j'aie jamais fait aucune expérience dans l'obscurité : c'est une manière de procéder que j'ai toujours repoussée. Tout ce qui m'est arrivé de fâcheux s'est passé en pleine lumière.

Un jour, après m'être permis quelques observations ironiques sur les opinions formulées par un « esprit » grossier, qui se manifestait au moyen d'une table, je crus un moment avoir la rotule brisée par le choc violent du rebord de ce meuble qui fut brusquement projeté vers moi. Interrogée, la larve répondit affirmativement quand on lui demanda si elle avait eu l'intention de me faire mal.

Mais c'est surtout dans une circonstance que je n'oublierai jamais, dussé-je vivre mille ans, que je vis de près l'immense danger auquel on s'expose dans ces sortes d'études si l'on n'a le soin de s'instruire des conditions voulues dont il ne faudrait jamais se départir. Je dois avouer qu'à ce moment je me livrais aux recherches psychiques avec un certain sans-gêne, traitant le sujet ainsi qu'un autre et le considérant comme une partie quelconque de la physiologie. Mais depuis lors, j'ai appris qu'il fallait procéder autrement et user de certaines formes sans lesquelles un expérimentateur non prévenu pourrait éprouver plus d'un grave mécompte.

Voici le fait :

Dans les derniers mois de l'année 1886, je faisais presque chaque jour, et principalement le soir, des expériences sur la force animique. Deux séances furent particulièrement accidentées. Ces séances eurent lieu dans un laboratoire des vieux bâtiments de l'ancien collège Rollin, transformé provisoirement dans ce temps-là, en Ecole pratique de la Faculté de médecine.

Le local que j'occupais et qui me servait de laboratoire était voisin des amphithéâtres de dissection de la Faculté, où, à ce moment, se trouvaient de nombreux « sujets ». Dans l'une des pièces de ce laboratoire même, j'avais eu, quelque temps auparavant, le cadavre d'un homme qui m'avait servi à des études de médecine opératoire. Ceux qui sont au courant des questions dont je m'occupe en ce moment comprendront l'importance de ces détails.

Le médium qui m'assistait dans mes recherches était un Américain, M. S.., dont la force animique était émise en quantité suffisante pour produire des « matérialisations » et des transports d'objets à distance, sans contact.

Un samedi soir du mois de décembre 1886, le médium, le Dr de B.., et moi nous rendîmes, vers neuf heures, au laboratoire de la rue Lhomond.

Deux de mes amis, le Dr A... et M. L.., publiciste, rédacteur en chef d'une revue politique et littéraire, à qui j'avais donné rendez-vous, étaient déjà arrivés. Mon garçon de laboratoire avait préparé les objets nécessaires à l'expérience : nous nous proposions d'obtenir des empreintes dans du plâtre « gâché », c'est-à-dire délayé et en train de durcir.

Le plâtre une fois délayé fut placé dans un large récipient sous une table autour de laquelle, sauf le garçon, nous nous assîmes tous. Le récipient fut recouvert d'un treillis de fil de fer en forme de cloche sur laquelle nous plaçâmes nos pieds. La pièce était parfaitement éclairée par deux lampes à gaz dont l'une était située au-dessus de nos têtes.

Ce jour-là nous obtînmes fort peu de choses, pas d'empreintes, mais quelques traces insignifiantes comme si un doigt avait effleuré la surface du plâtre, et plusieurs d'entre nous avaient sur leurs vêtements des taches de la même substance qui n'y avaient pas été remarquées avant. Le médium se plaignait de n'être pas à son aise, il sentait, disait-il, de mauvaises influences autour de lui et avait de la peine à les repousser pour ne pas être « intransé ».

Après avoir obtenu un certain nombre de phénomènes qu'il serait sans intérêt de rapporter ici, nous levâmes la séance et nous partîmes, le médium à moitié défaillant et soutenu sous les bras par M. L., et par moi.

En route (1), de la rue Lhomond à la rue Claude-Bernard, où nous allions chercher des voitures, nous fûmes tout à coup assaillis par une grêle de coups que l'on entendait et que l'on sentait très bien (j'en sais quelque chose) et qui atteignaient surtout le médium. Ces coups nous étaient dirigés par derrière. Enfin, nous trouvâmes une voiture, et le médium, qui était très agité et paraissait très effrayé, y monta avec le Dr de B... A peine étaient-ils installés dans le coupé, qu'un roulement irrégulier de coups frappés se fit entendre sur le dessus de la voiture au moment où elle se mit en marche. Ces coups con-

(1) Rue Vauquelin.

tinuèrent, d'après ce que nous dit le Dr de B..., jusqu'aux Champs-Elysées où habitait S... Nous nous donnâmes rendez-vous pour le samedi suivant.

Au jour dit, nous nous réunîmes au même endroit et en même nombre que la fois précédente : M. L..., les Drs de B..., et A..., qui exercent à Paris, le médium et moi. Plus : le garçon de laboratoire.

Tout d'abord les choses s'annoncèrent fort mal : à peine entrés dans l'enceinte de l'École pratique provisoire, au moment où nous longions un des amphithéâtres d'anatomie, nous entendîmes tout à coup un sifflement suivi du choc violent d'un objet contre une cloison en planches voisine. L'objet en question était un petit flacon vide du modèle de ceux qui servent à conserver les pièces anatomiques ; il avait rebondi sur l'un de nous et était retombé par terre sans se briser. Personne n'eût pu se cacher dans l'endroit où nous nous trouvions et, de plus, la nuit n'était pas très noire.

Redoutant quelque désagrément analogue, au moment où nous nous engagions dans un vestibule qui s'ouvrait sur l'escalier conduisant au laboratoire situé au deuxième étage, comme on avait oublié d'allumer le gaz dans l'escalier et que l'obscurité y était à peu près complète, je criai au garçon de nous éclairer. Pendant ce temps, nous commençions à monter. A peine avions-nous atteint le premier étage (le médium était devant et je fermais la marche), qu'un nouveau sifflement se fit entendre, bientôt suivi du bruit d'un flacon lancé avec violence et se brisant en pièces sur les marches que nous étions en trein de gravir. Quand on eut allumé le gaz, on trouva une quantité de débris de verre provenant d'un flacon analogue au premier. Bien entendu, personne ne se trouvait dans l'escalier.

Une fois dans le laboratoire qui était bien éclairé, tout se passa pendant un certain temps comme la dernière fois, mais le médium était de plus en plus inquiet.

Pendant que nous nous tenions autour de la table (une table carrée, toute simple, que j'avais fait construire exprès), après avoir préparé le plâtre, je fis à haute voix, sur un ton moitié sérieux moitié plaisant et en français, de manière à n'être pas compris du médium qui ne parlait que l'anglais, cette réflexion que, étant donné le lieu où nous nous trouvions, il n'était pas surprenant que quelque mauvais garnement d'esprit dont on aurait disséqué le corps, fît tout son possible pour nous empêcher de mener nos recherches à bonne fin. A peine avais-je fini de parler que le médium fut saisi d'une sorte de mouvement convulsif qui lui agita tout le corps et *intransé*. Ce qui se présenta alors fut vraiment effrayant : il se dressa, les yeux démesurément ouverts et paraissant lui sortir de la tête, fit quelques pas saccadés dans la pièce, et chacun sentant qu'il allait se passer quelque chose, se leva et se tint sur ses gardes. S... fit un tour sur lui-même et saisit un des lourds escabeaux de chêne qui nous servaient de siège ; il en fit un moulinet terrible, mes amis s'échappèrent au plus vite, mais comme j'étais justement assis contre le mur, je demeurai seul en face de ce grand diable d'Américain, taillé en hercule, qui paraissait m'en vouloir plus particulièrement et séparé de lui seulement par la table carrée autour de laquelle nous étions tranquillement assis un instant avant. Son visage à ce moment était horrible à voir, il dirigea vers moi son bras gauche, l'index étendu, et de la droite il brandit le pesant escabeau au-dessus de sa tête.

La scène, dans cette vieille chambre de collège, improvisée pour la circonstance en laboratoire de psychologie expérimentale, était vraiment singulière par cette nuit de décembre ; mais ce n'est pas à cela que je songeai alors. Mes amis terrorisés se tenaient tous à l'écart et personne ne soufflait mot ; le médium seul poussait une sorte de râle guttural. Ne pouvant m'échapper de l'espace où je me trouvais : entre le mur et la table d'une part et une console fixe et le poêle d'autre part, je ne perdais pas un seul des gestes de celui qui paraissait animé envers moi des intentions les moins rassurantes. Il s'approcha encore de moi, bien à portée de sa main et me lança un formidable coup de son escabeau, droit sur la tête.

J'avais conservé tout mon sang froid et me tenais très vivement en éveil comme on le pense bien ; et quand je vis le début du mouvement de cette masse projetée vers moi, je saisis les deux pieds de la table qui étaient de mon côté, je les levai vivement et présentai la table en face de mon adversaire en m'en couvrant comme d'un bouclier. Le choc fut terrible ; l'escabeau heurta la table comme un coup de catapulte, un craquement se fit entendre et je fus obligé de reculer sous le coup jusqu'au mur : la table était fendue en deux. Continuant à me protéger en m'abritant derrière elle je la poussai vers S..., qui lâcha sa massue et tomba en arrière sur une chaise, en proie à une convulsion. Nous nous précipitâmes de son côté pour le maintenir, mais ce fut inutile; il revint bientôt à lui ne se souvenant de rien, et pour ne pas l'effrayer nous nous assîmes de nouveau autour de la table en cachant notre émotion.

Cette fois ce fut lui que je fis placer auprès du mur. La précaution n'était pas inutile, car il fut de nouveau repris d'une *transe* non moins terrible que la première. Il se dressa encore après avoir été agité convulsivement, puis se rassit, le visage contracté d'un rictus effrayant, les yeux comme désorbités. Il se leva, nous en fîmes autant; je mis le poêle entre lui et moi, mais il repoussa la table, et saisissant une chaise, il s'avança vers moi. De mon côté je m'emparai de l'escabeau qu'il m'avait lancé, je le pris, non comme arme offensive, mais simplement pour parer les coups qu'il aurait pu me porter avec la chaise qu'il agitait en l'air.

Il y eut encore un moment de violente angoisse pour chacun des assistants, quand nous fûmes en présence l'un de l'autre avec les étranges instruments de ce combat quasi fantastique.

Il s'avança vers moi brandissant toujours sa chaise et je me préparais à la recevoir sur mon escabeau quand je fus poussé, par je ne sais quelle force, à tenter une expérience, en mettant à l'essai un moyen qui m'avait été indiqué par un homme très au courant de ces choses, comme infaillible en pareilles circonstances : je jetai de côté l'objet que je tenais et je m'avançai les dix doigts en avant, dirigés contre la personne du malheureux « intransé » en *voulant* violemment qu'il fût immobilisé. Je projetai en quelque sorte ma volonté sur lui, accompagnant cet effort cérébral d'un geste énergique. L'effet fut instantané et j'en fus, le premier, très agréablement surpris : au lieu d'être lancée vers moi, la chaise fut rejetée en arrière, et quoique fort solide, mise en pièces au point de ne pouvoir être réparée : S..., fut comme sidéré, son corps fut agité d'un tremblement convulsif et transporté brusquement contre le mur à trois ou quatre mètres de l'endroit où il se trouvait. Tous ses membres se tordirent, il se recoquevilla en boule sur le sol près d'une porte, et nous entendîmes ses articulations craquer.

Quelques passes magnétiques l'aidèrent à se remettre et, aussitôt que nous le pûmes, nous quittâmes ce lieu si peu propice aux recherches psychologiques pour n'y plus revenir dans le même but, non sans nous être munis de flambeaux, pour gagner nos voitures qui nous attendaient dans la rue.

* * *

Comme on vient de le voir, les recherches psychiques expérimentales ne laissent pas que de faire courir certains risques à ceux qui s'y adonnent, et c'est bien à tort que certaines personnes s'en font un jeu.

Mon opinion sur ce sujet peut être exposée en quelques lignes : lorsqu'on ne peut étudier d'une manière sérieuse et suivie, profitable en un mot pour la science, c'est-à-dire pour autrui, les faits de psychologie expérimentale, le mieux, *quand on a vu suffisamment pour se convaincre*, est de se tenir tranquille et de s'en rapporter à ceux qui se sentent la force d'affronter le danger qu'offre ce genre d'investigations, et possèdent la compétence voulue pour les mener à bonne fin.

CHAPITRE VII

SOMMAIRE : Pourquoi, à la suite de mes premières recherches, n'ai-je avancé aucune théorie et me suis-je maintenu sur le terrain des faits ? — Une lettre d'un rédacteur du *Journal des Débats*. — Trois séances avec Mr. Eglington. — Matérialisations. — Moulages et photographies de formes animiques. — Pourquoi les savants, en général, ne veulent-ils rien dire au sujet de ces phénomènes ? — Entrevue avec le professeur Vulpian. — La preuve que l'homme possède une conscience survivant au corps est faite. — Mécanisme de la mort. — Il comporte deux temps : 1° stade de la mort intellectuelle ; 2° stade de la mort animique. — Les cellules du corps sont des individus vivant de nous et en nous comme nous vivons nous-mêmes dans le Macrocosme et de lui. — La cellule vivante contient de l'énergie animique, c'est-à-dire de l'énergie en évolution vers l'intelligence : elle assimile, désassimile et se souvient. — L'immunité pathologique est un phénomène de mémoire cellulaire. — Un cas inédit de soi-disant hallucination véridique. — Derniers mots d'Hermès mourant.

Dans mon précédent ouvrage, j'ai longuement résumé diverses expériences dues à des savants des plus distingués (W. Crookes, Zœllner, etc.) avant d'exposer les résultats de mes propres expériences. Je n'ai voulu, alors, émettre aucune théorie sur les phénomènes spiritualistes, et cela pour plusieurs raisons. En première ligne, je dois placer celle-ci : si j'étais parfaitement certain de la réalité de ces phénomènes, je n'étais nullement fixé sur leur cause. Je croyais pouvoir affirmer, toutefois, que dans un certain nombre de cas au moins, ceux que j'avais observés étaient produits par une cause intelligente paraissant être indépendante. De plus, en restant sur le terrain des faits, sans vouloir adopter ni soutenir aucune théorie, je gardais une situation inexpugnable et ne pouvais être accusé d'avoir un parti pris, une opinion préconçue. Les résultats de cette attitude sincère m'ont pleinement donné raison, et, ainsi que j'ai eu l'occasion de l'écrire plus haut, la quantité de lettres qui m'ont été adressées par d'anciens élèves de l'École Polytechnique, de l'École Normale supérieure, par des professeurs, des agrégés de sciences, des médecins, des ingénieurs, etc., de France et de l'Étranger, ne m'ont pas peu encouragé à persévérer dans mes recherches.

Un certain nombre de savants et d'hommes instruits ont assisté à mes expériences et m'ont ensuite écrit des lettres que je pourrais publier puisqu'ils m'ont autorisé à le faire : mais à quoi bon? Ceux qui ne s'en rapportent pas aux témoignages des savants qui ont sciemment risqué leur réputation scientifique en publiant les résultats de leurs recherches, seraient-ils mieux convaincus?

Néanmoins, comme parmi les faits expérimentaux que j'ai exposés dans mon précédent travail, j'ai insisté surtout sur le phénomène d'*écriture directe*, je vais reproduire une lettre qui m'a été adressée à la suite d'une séance à laquelle assistaient, chez moi, M. Patinot, directeur du *Journal des Débats* et deux de ses collaborateurs, M. André Hallays et M. Harry Alis, l'auteur de la lettre en question. Mais auparavant j'indiquerai sommairement le *mécanisme* de l'écriture directe selon la théorie que mes recherches me permettent de présenter : le médium étant dans un état de passivité presque absolue, bien qu'éveillé, sa force animique, au lieu de rester limitée à ses organes, flotte au dehors. Les intelligences qui s'attachent à sa personne, mais qui ne peuvent se manifester *sans un supplément de force animique*, savent s'emparer de celle que le médium dégage et l'emploient à donner des signes de leur existence et de leur présence de différentes manières, soit en prenant une forme, soit en produisant des sons, *des voix*, soit encore en faisant mouvoir des objets, et dans le cas particulier un crayon d'ardoise de trois ou quatre millimètres de longueur. Ils peuvent aussi donner à la force en question, quand elle est abondante, toutes les apparences de la matière vivante (j'en parlerai plus loin) ou de la matière inorganique : ceci, peut-être, servira à démontrer un jour que la matière procède de l'énergie, car, à part les cas où il y a apport, certaines de ces *matérialisations* restent.

Maintenant, voici cette lettre :

JOURNAL DES DÉBATS
POLITIQUE ET LITTÉRAIRE
—
Rue des Prêtres-Saint-Germain-l'Auxerrois, 17
—

Paris, le 21 novembre 1886.

M. le docteur Paul GIBIER, Paris.

« Cher Docteur,

« J'ai assisté hier soir avec MM. Patinot, André Hallys et une quatrième personne, aux expériences de M. Slade, dans des conditions qui éloignent toute hypothèse de supercherie.

« Tandis que je tenais les yeux fixés sur les pieds du médium, nous avons entendu et j'ai senti à deux reprises deux coups frappés contre le pied de ma chaise.

« M. Slade a renouvelé avec succès l'expérience

des ardoises transportées sous la table. MM. Patinot, Hallays et le quatrième spectateur (1) ont senti d'abord une sorte de souffle froid, puis l'ardoise leur a été apportée doucement dans la main.

« M. Slade a répété de diverses façons l'expérience de l'écriture entre les ardoises. Nous avons acquis la conviction que le phénomène était réel. A un moment, M. Slade tenait l'ardoise sous la table, mais distante de celle-ci de cinq ou six centimètres et on entendait écrire. Une parole de l'un des spectateurs fit tourner la tête au médium qui, par un mouvement nerveux involontaire, avança l'ardoise sous mes yeux. Durant cette échappée, que j'évalue à deux ou trois secondes, *je vis le crayon seul courir rapidement sur l'ardoise en traçant des caractères*, environ la valeur de trois ou quatre lettres. Presque aussitôt, trois coups étaient frappés et M. Slade, retirant l'ardoise, nous montrait les mots écrits.

« Bien cordialement à vous et, de nouveau, tous nos remercîments.

« Harry Alis. »

(1) L'expérience eut lieu chez moi, ainsi que je l'ai dit. Le « quatrième spectateur » était une personne qui désire conserver l'incognito. (Note de l'auteur.)

J'ai reproduit cette lettre, qui émane d'un écrivain honorablement connu, à cause de l'intérêt spécial offert par ce fait que le crayon *a été vu écrivant seul* et comme animé. Malgré de nombreux essais, je n'ai jamais pu corroborer par la vue les expériences nombreuses d'écriture directe que j'ai dirigées ainsi que je l'ai mentionnées dans l'ouvrage précité sur le spiritisme.

* * *

Le présent Essai n'est point un travail expérimental, dans ce sens qu'il n'est pas spécialement consacré à rendre compte d'expériences; mais il n'est pas moins la conséquence des investigations que je ne cesse de faire dans la même voie. Aussi bien, ces investigations me permettent-elles d'être un peu plus hardi que jadis, et c'est grâce à elles que je puis aujourd'hui assurer aux psychologues, s'ils consentent à expérimenter avec des médiums bien doués et honnêtes, qu'ils trouveront la preuve de la persistance de la conscience de l'être humain dans la période postérieure à cette dernière fonction qui s'appelle la mort. Pendant combien de temps persiste cette conscience? quelles sont les conditions dans lesquelles sa vie, son existence continue à s'exercer? Ce sont là autant de questions qu'il est bien difficile, je ne dirai pas de résoudre, mais d'aborder dans l'état actuel des idées scientifiques. Néanmoins, je pense qu'avant peu le sujet pourra être discuté tout aussi naturellement que n'importe quelle autre matière de physiologie. Je suis heureux, en effet, de faire savoir au lecteur que quelques physiologistes, occupant de hautes situations, tant en France que dans des pays voisins, sont aujourd'hui très au courant de la question. Ce serait leur faire injure que de les supposer capables de garder la lumière sous le boisseau, au lieu d'en éclairer les cerveaux des jeunes apprentis physiologistes qui cherchent à apaiser une soif inextinguible de science à l'ombre de leurs chaires officielles.

Je puis donc, sans crainte de trop m'avancer, dire que des investigations nouvelles dont je parle on pourra bientôt obtenir des données très instructives malgré les contradictions qu'on relève dans les *écrits* ou les *discours* des représentants du monde d'à côté, des *êtres invisibles d'ordinaire*, qui se manifestent à nous.

Je ne veux pas en dire plus : il n'est pas temps encore. Que l'on retienne seulement ceci, c'est que le monde qui ne se voit pas est le reflet de celui que nous croyons connaître.

*
* *

Parmi les nombreuses personnes éclairées dont la publication du travail que j'ai cité m'a valu la connaissance, je dois compter M. Arthur Engel, ancien élève de l'École d'Athènes.

J'avais été invité à aller assister aux séances du médium Eglington de Londres, mais comme il m'était impossible à ce moment de m'absenter de Paris, M. Engel voulut bien, dans un voyage qu'il fit dans ce temps en Angleterre, rendre visite à M. Eglington dont il obtint trois séances fort intéressantes.

Au nombre des faits obtenus avec la force animique de M. Eglington, il y eut celui-ci qui fut répété à deux reprises : M. A. Engel prit un livre quelconque et, après l'avoir enveloppé dans un journal, demanda que les quatre premiers mots de telle ligne et de telle page qu'il indiqua au hasard fussent écrits sur une ardoise tenue sous la table (1)

(1) Pourquoi sous la table? Va-t-on penser. Réponse : Trop de lumière et le rayonnement du regard sont nuisibles à la produc-

par lui-même en même temps que par M. Eglington. Sur sa demande, le premier mot devait être écrit gris, le second rouge, le troisième rose et le quatrième vert. Des crayons de ces diverses couleurs se trouvaient sur l'ardoise. Le livre restait en vue. A la première épreuve, il fut répondu qu'il était impossible de donner les mots d'une page qui n'était pas dans le livre : en effet, ce dernier avait quatre pages de moins que celle demandée.

Dans deux autres expériences successives, l'épreuve réussit.

Une autre fois, ce fut le millésime d'un penny qui fut écrit. Personne, pas même M. Engel qui l'avait tiré de sa poche sans le regarder, ne connaissait ce millésime et, de plus, la pièce avait aussitôt été enfermée sous clef.

Je possède le compte rendu de ces expériences rédigé aussitôt après chaque séance, et l'esprit scientifique avec lequel les observations ont été faites ne laisse rien à désirer. Je ne veux cependant pas les reproduire *in extenso*. Je m'abstiendrai même de citer aucune autre expérience de ce genre, bien que j'aie dans mon dossier une foule de

tion des phénomènes lorsque la force animique est faiblement extériorisée. (V. mon précédent ouvrage.)

documents des plus curieux : photographies dites spiritualistes obtenues avec six médiums et par six expérimentateurs différents (ingénieurs, médecins, chimistes), nombreux compte rendus de séances spiritualistes avec apports singuliers, matérialisations, etc., et notamment un volumineux manuscrit rédigé par le colonel M.., ancien élève de l'Ecole Polytechnique, où se trouvent relatées les expériences qu'il poursuivit pendant plusieurs années (1875-76-77). Dans les séances du Colonel M. auxquelles assistèrent des notabilités scientifiques de l'armée, le médium principal était sa propre fille adoptive. Un fait qui m'a frappé entre mille dans ces dernières expériences et que je note pour ceux qui sont initiés à ces études, fut la matérialisation parfaite d'un petit chien mort depuis quelques mois et qui avait appartenu au colonel.

Puisque je viens encore de parler de matérialisations, j'ajouterai — mais sans entrer dans plus de détails, car pour les éléments de la question je suis toujours obligé de renvoyer à ce que j'ai écrit antérieurement — que dans les séances à « matérialisations » — notons bien ceci — chacun peut voir une personne de sa famille, morte depuis un temps plus ou moins long, lui apparaître et lui parler. On peut serrer la main de la forme matérialisée, tenir celle-ci dans ses bras et avoir l'illusion complète que cette personne est vivante. Elle vous entretient de choses parfaitement privées et connues de vous seuls. Sa voix n'a pas changé. L'apparition a un cœur qui bat, on peut l'ausculter ainsi que les poumons où l'air pénètre régulièrement. (V. les expériences de M. W. Crookes, F. R. S.) — Vous pouvez prendre sa photographie. Elle vous laisse l'empreinte ou plutôt le moulage en creux de sa main et même de sa tête (il en existe de nombreux exemples) à l'aide de paraffine chaude liquide qu'on refroidit rapidement avant que la « matérialisation » ne s'évanouisse.

Ces moulages sont sans trace de solution de continuité, sans fils, et le mouleur auquel on les confie n'y comprend rien, vu l'inédit du procédé, à moins qu'il ne soit mis au courant.

Tous ces objets, photographies et moulages vous restent comme une preuve inaltérable et irréfutable que vous n'avez pas rêvé.

Ajoutons que ces matérialisations sont produites par des intelligences agissant sur la force, l'énergie animique soustraite au médium.

Comment, dira-t-on, ces choses ne sont-elles pas

plus connues? pourquoi ne les étudie-t-on pas mieux? Je répondrai à ceci qu'il y a déjà longtemps que ces phénomènes sont connus des savants — non de tous cependant, — mais je dois ajouter que les premiers qui ont osé en parler ont vu leur nom presque traîné dans la boue et leur honneur mis en question. De sorte que, aujourd'hui, en général, parmi ceux qui étudient ces hautes et importantes questions, chacun cherche et apprend pour son compte, seul ou avec un petit groupe d'amis sûrs, et garde tout pour soi.

Il faut dire aussi que des palinodies faméliques et vénales ainsi que des fraudes retentissantes ont fait, autour du sujet, un certain scandale qui suffit à faire hésiter les timides et à fixer l'opinion des gens qui pensent d'après leur journal.

De plus, une foule d'hommes puissants sont intéressés, à un titre quelconque, à empêcher la divulgation de ces nouvelles connaissances : je citerai notamment les matérialistes scientistes d'une part, et les spiritualistes religieux d'autre part. Cela n'empêchera certainement pas la vérité de se faire jour, et je puis dire qu'elle se répand de plus en plus vite dans le monde des chercheurs. Mais que de temps perdu!

Veut-on avoir un aperçu de la façon dont les hommes « arrivés » reçoivent les choses nouvelles qui ne cadrent pas avec leurs idées? L'anecdote suivante édifiera suffisamment.

Lorsque j'eus publié mon premier ouvrage sur la question dont je m'occupe en ce moment, il y aura tantôt trois ans, j'allai l'offrir au professeur Vulpian, ex-doyen de la Faculté de médecine de Paris, membre de l'Institut, etc., qui m'avait dans plusieurs circonstances, témoigné une grande bienveillance. Aux premiers mots que je lui adressai touchant le sujet, il s'emporta presque, et me dit assez rudement, quoique avec un réel accent de bonté : « Vous savez que j'ai toujours pris un grand intérêt à vos travaux, mais je dois vous dire, maintenant, que je regrette de vous voir aborder un sujet aussi scabreux. » Il m'assura (quoique n'ayant jamais fait de recherches sur cette matière) qu'il n'y avait là que « fraudes et supercheries, et que si je continuais à m'occuper de ces sortes de choses, j'étais « un homme à la mer ». Ce furent ses propres expressions.

« Vous souvenez-vous, mon cher maître, lui repartis-je que lorsque M. Bouley présenta à l'Académie des sciences, de la part d'un correspondant, une note sur le microbe de la tuberculose, vous lui assurâtes que ce germe ne saurait exister ? Car, disiez-vous, s'il existait, on l'aurait trouvé, attendu qu'on le cherche depuis longtemps. — Ce n'est pas la même chose me répondit-il un peu embarrassé : le microbe du tubercule se voit, il n'y avait qu'à découvrir le procédé propre à le mettre en évidence. »

« Tout comme pour les faits dont je m'occupe, ajoutai-je : ils sont palpables, mais il fallait un procédé particulier pour les rendre visibles et tangibles. »

Depuis, Vulpian est mort : il sait aujourd'hui lequel de nous deux avait raison.

Pourquoi, aussi, allais-je offrir mon livre à un académicien et lui demander, en plus, de le présenter à la section des sciences? Voit-on d'ici la « tête » des honorables membres de l'Institut entendant une communication du genre de celle-ci :

« Messieurs,

« J'ai l'honneur de déposer sur le bureau de l'Académie un Mémoire du Dr. Un Tel, traitant des revenants et des fantômes, ainsi que des images qu'on peut obtenir, au moyen de la photographie, des formes de ces esprits!! »

Certes, en 1886, c'était être naïf, je le reconnais aujourd'hui, de vouloir présenter un semblable travail à l'Académie des sciences.

L'heure de l'appréciation scientifique n'a pas sonné pour ces faits qui seront un jour le corollaire des connaissances humaines, c'est vrai. Mais qu'on attende un peu, et on verra bientôt M. X, Y, ou Z, professeur de physiologie ou de pathologie nerveuse, ici ou ailleurs, membre de l'Institut de France ou de la Société royale de Londres, reprendre mes expériences et celles de mes devanciers (Robert Hare, William Crookes, Boutlerow, le Comité de la Société Dialectique de Londres, Zœllner, etc., etc.) et lire de beaux mémoires devant sa Société où il fera passer sous les yeux de ses collègues étonnés des spécimens de photographie transcendantale. Et quand il n'y aura plus place pour le doute, les échos de toutes les presses chanteront sa gloire, et ceux qui auront énergiquement nié et repoussé la vérité, jaloux de ce succès, crieront bien haut que « cela n'est pas nouveau » afin d'avoir l'air d'être bien renseignés.

Telle est la destinée des choses et des hommes dans notre présente race.

* * *

Malgré le soin que j'ai eu d'avertir le lecteur que dans cet « Essai » j'irais droit au fait, sans précautions préliminaires, je dois cependant, dans le cas où ces études seraient complètement inouïes pour lui, m'excuser d'avoir donné sans avertissement un assaut aussi soudain à ses convictions ou à ses connaissances « journalières ».

Cependant, ainsi qu'on a pu en faire la remarque, je ne me suis occupé jusqu'ici d'aucune opinion religieuse ; de cette manière on ne m'accusera de favoriser ni d'attaquer aucune croyance. Aucun de ceux qui croient avoir le monopole des choses vraies en matière religieuse ou philosophique, ne saurait voir d'un mauvais œil une tentative d'exploration du côté de la vérité. L'homme convaincu et sincèrement attaché à ce qu'il croit être l'expression de cette vérité, ne peut, au contraire, que souhaiter la réussite d'une semblable entreprise et la considérer comme devant être un auxiliaire pour ses convictions. Le vrai ne doit rien avoir à redouter de l'examen.

Je me borne à étudier les faits et je tâche d'en découvrir les conséquences. Et je prie le lecteur de croire que je ne parle que de ce que je connais par l'*observation* ou l'*expérimentation*. J'ai bien quelque droit à prétendre que ni l'une ni l'autre ne m'est étrangère : comme médecin, c'est-à-dire observateur par destination, j'exerce mes facultés d'observation depuis près de vingt ans, dont la meilleure part s'est passée dans les hôpitaux de Paris. Comme expérimentateur, j'ai dirigé effectivement pendant plusieurs années le laboratoire de Pathologie expérimentale et comparée du Muséum d'histoire naturelle de Paris où, parmi de nombreuses recherches, il m'a été donné de démontrer dans des expériences délicates que les animaux à sang froid, comme les batraciens et les poissons, peuvent contracter certaines maladies des animaux à sang chaud (le charbon bactéridien) qui ne les atteignent pas d'ordinaire, à condition d'élever leur température à un degré voisin de celle des mammifères, en les faisant vivre dans l'eau chaude. (Académie des sciences, 1882.)

J'ai montré aussi ce fait intéressant que les oiseaux (poules, etc.) peuvent contracter la rage, la transmettre à des mammifères plusieurs semaines après avoir été inoculés, et guérir cependant d'une manière spontanée (Acad. des sc. 1884). Du même coup, j'ai expérimentalement démontré que la rage ne récidive pas une fois guérie, car les oiseaux inoculés une première fois ne deviennent pas une deuxième fois hydrophobiques si on les soumet à une deuxième inoculation.

J'ai signalé, le premier, les germes ou microbes du pemphigus aigu et ceux de la rage, et le mémoire que j'ai publié sur l'ensemble de mes travaux sur la rage et son traitement a reçu de la Faculté de médecine de Paris la plus haute récompense qu'elle accorde aux thèses qui lui sont présentées (1884).

Enfin, en haut lieu, on n'a sans doute pas défavorablement auguré de mes facultés d'observateur et d'expérimentateur, car, à cinq reprises différentes, le gouvernement de la République française m'a confié la mission d'étudier en France ou à l'étranger deux épidémies de choléra asiatique (1884-1885), deux épidémies de fièvre jaune (Antilles 1887; Floride 1888-1889) et les méthodes expérimentales de différents savants étrangers.

Dans les examens réitérés que j'ai faits des phéno

mènes dont je viens de parler, je me suis toujours inspiré de ces paroles de Voltaire (1) : « Quand on a fait une expérience, le meilleur parti est de douter longtemps de ce qu'on a vu et de ce qu'on a fait. » Je me suis également guidé sur les sages conseils que m'adressait mon illustre maître M. Pasteur dans une lettre qu'il m'écrivait au moment où je partais pour les Antilles étudier la fièvre jaune :

Cher monsieur Gibier,

« ... Connaissant les nouvelles méthodes appliquées à l'étude des maladies contagieuses, vous pouvez aborder les recherches difficiles que vous allez entreprendre.

« Défiez-vous surtout d'une chose : la précipitation dans le désir de conclure. Soyez à vous-mêmes un adversaire vigilant et tenace. Songez toujours à vous prendre en faute.....

« Mes félicitations et une cordiale poignée de mains. »

L. PASTEUR.

Ce n'est qu'après avoir observé le phénomène de *l'écriture directe* au moins *cinq cents fois* que je me

(1) Des singularités de la Nature.

suis décidé à publier mes recherches. De plus, j'étais absolument fixé sur le compte d'une quantité de faits de même nature et bien plus extraordinaires en apparence.

Ajouterai-je que pendant cinq années, avant d'être inscrit à la Faculté de médecine, j'ai étudié techniquement la mécanique, ce qui ne saurait nuire pour deviner les « trucs », et que j'ai voulu m'initier aux artifices des prestidigitateurs. Je dois, en effet, confesser que j'ai quelque peu fait de la prestidigitation, afin de mieux être à même de saisir la fraude dans le cas où cela aurait été nécessaire.

D'autre part, je dois faire remarquer que je ne cherche à faire aucune propagande pour quelque doctrine que ce soit : je m'occupe de la question à un point de vue scientifique, et rien de plus. Je vais plus loin : j'engage à toute occasion les personnes qui voudront, de bonne foi, se convaincre de la réalité des faits qui font l'objet de cette étude à se tenir sur leurs gardes à l'égard d'une foule de soi-disant médiums qui se font plus ou moins chèrement payer, et cela pour les raisons que j'ai signalées plus haut.

Je déclare, enfin, que, tout en reconnaissant la réelle existence des choses que j'étudie, je ne me fais en aucune façon le défenseur des doctrines néo-spiritualistes qui ont, tout au moins prématurément, pris pour point de départ et pour base les phénomènes en question.

* * *

Si jamais un axiome fut pris en défaut, c'est bien celui d'après lequel il est dit que l' « *on croit facilement ce que l'on désire* ». En effet, en très grande majorité, les hommes espèrent ou plutôt désirent vivre, après leur mort, soit d'une manière, soit d'une autre. Je m'explique : les savants, par exemple, même quand ils sont néantistes, travaillent dans le but d'acquérir de la gloire aux yeux de leurs contemporains et de la postérité aussi, en même temps qu'ils cherchent à se rendre utiles. Donc, ils désirent vivre au moins dans leurs œuvres. Les artistes également. Je n'ignore pas que ce désir de gloire, c'est-à-dire de survie, subit généralement un fort alliage d'aspirations moins idéales, mais passons. Ce que je veux montrer seulement, c'est que, malgré ces appétences instinctives d'immortalité, la plupart d'entre eux se montrent réfractaires lorsqu'il s'agit d'admettre et d'étudier les phénomènes les plus propres à montrer la possibilité, je n'ose dire de cette immortalité, mais d'une survie, plus ou moins prolongée après la mort, pour la conscience de l'homme. Ce qu'il y a d'assez curieux et en même temps de contradictoire en apparence, c'est que la même répugnance se rencontre chez bon nombre de spiritualistes.

Il n'en reste pas moins acquis pour les savants qui ont observé les *faits extérieurs* déterminés par la présence des médiums ou des *fakirs*, ces médiums de l'Orient, que ces faits contiennent la preuve la plus certaine que nous ayons jamais eue de l'existence de l'esprit, de l'intelligence, en tant que principe conscient et persistant après la mort de l'homme.

Lorsque le moment sera venu, je m'occuperai de la question de durée de cette conscience et de ses transformations. En ce moment, je me contenterai de dire qu'il semble résulter de mes observations et des sources de renseignements auxquelles j'ai puisé qu'elle paraît susceptible, dans certains cas, de persister *plusieurs* siècles. J'ajouterai aussi que la notion du temps est alors toute différente de celle que nous avons maintenant.

* * *

Si le présent essai est favorablement accueilli du public choisi auquel il s'adresse, je pourrai, dans une autre édition, relier ses différents paragraphes en y ajoutant plusieurs alinéas que j'ai dû retrancher au dernier moment. Certains passages sur lesquels je ne pense pas qu'il soit temps encore d'insister se trouveront ainsi complétés.

Malgré la réserve — réserve relative — que je m'impose, je ne puis, cependant, me dispenser d'indiquer sommairement comment s'opère le phénomène de la mort selon les nouvelles données que la « Science future » nous fait dès maintenant entrevoir.

Nous avons vu qu'à l'image du Macrocosme, l'homme se compose de trois parties fondamentales :

La Matière (corps).

L'Énergie (âme).

L'Intelligence (esprit).

Chacune de ces parties pourrait être considérée sous plusieurs aspects différents, qui en seraient comme autant de subdivisions ; mais il n'est pas temps encore d'entrer dans les détails d'une *hyper-physique* plus compliquée.

Lorsque la mort réelle survient, *ce qui* abandonne le corps tout d'abord, c'est l'*esprit*, et sans doute d'une manière plus ou moins rapide, selon le genre de mort. En même temps, une certaine partie de l'énergie animique se dissipe aussitôt et rentre dans le réservoir commun de l'Énergie universelle et cela *graduellement*. Une autre partie de cette énergie reste liée à l'esprit qui, sans elle, retournerait peut-être à l'Intelligence universelle, comme la matière du corps et une certaine quantité de son énergie retournent à la matière et à l'énergie ambiantes. Mais ce n'est que plus tard, si le corps n'est pas détruit immédiatement par le feu ou toute autre cause destructive, que la force animique quitte définitivement le corps.

En d'autres termes, la mort intellectuelle survient en premier lieu, et la mort animique ensuite, graduellement aussi et d'une manière plus ou moins rapide encore, selon le genre de mort et la température du lieu : c'est, pour ainsi dire, la mort cellulaire successive. La vie, l'*anima* quitte les cellules une à une, et le personnage nouveau de la nouvelle vie n'est définitivement constitué que lorsque la *force animique*, répandue dans les différentes cellules, les différents globules du corps, les a quittés pour rejoindre l'esprit auquel elle se rend, en vertu d'une loi analogue à celle des attractions diverses que nous observons et dont, pour le présent, la cause nous est tout aussi inconnue.

* * *

De même que la matière, même supposée à l'état de repos complet, renferme de l'énergie potentielle, de même la force animique contient de l'intelligence en germe ou à l'état potentiel. La matière serait ainsi, selon ces vues sur lesquelles j'appelle l'attention du lecteur, une *modalité* en évolution vers l'énergie d'où elle paraît procéder, comme celle-ci serait en évolution vers l'Intelligence, dont tout procède et où tout retourne dans un cercle perpétuel. C'est ce qu'ont figuré les anciens initiés par l'Ouroboros, le serpent qui vit en se dévorant lui-même, enroulé en cercle dans lequel un triangle descendant et un triangle ascendant sont entrelacés pour indiquer les deux courants de sens contraire qui sont la vie du Monde. Et c'est aussi ce qu'ont voulu signifier les initiateurs religieux de l'Humanité dans leurs bibles, où ils ont écrit que « l'Esprit créa le monde de rien », c'est-à-dire de lui-même.

Les cellules animées, contenant de l'intelligence à l'état embryonnaire (si je puis m'exprimer ainsi), manifestent cette intelligence à la manière des êtres inférieurs : elles vibrent, assimilent, désassimilent, procréent et *se souviennent.* Le phénomène connu sous le nom d'*immunité* contre une maladie infectieuse qui a déjà attaqué une fois le corps humain (ou celui de l'animal) n'est autre chose qu'un phénomène de *mémoire cellulaire;* c'est la manifestation de cette *intelligence potentielle :* la cellule, être vivant, indépendant dans une certaine mesure, a lutté une fois victorieusement contre les cellules des germes ou microbes envahisseurs, et elle se souvient de lui avoir résisté et de la manière dont elle lui a résisté. Elle transmet ce souvenir (hérédité) à ses cellules filles. Ce n'est qu'au bout d'un temps plus ou moins long que cette mémoire se perd et que l'immunité « s'oublie ». Chaque individualité de la confédération polyzoïque lutte pour l'ensemble et cherche dans la mesure de ses forces à anéantir ou à chasser du territoire de la république l'intrus qui cherche à vivre au dépens de ses citoyens. En résumé, chaque cellule de notre corps est un être vivant, un animal présentant l'image microscopique de l'homme : elle est formée de matière, d'énergie et d'intelligence proportionnelles.

La découverte de la phagocytose par M. Metschnikoff est une parfaite démonstration de ce que j'avance. Ce savant a montré, en les prenant réellement sur le fait, que les globules blancs du sang et des organes lymphatiques remplissent le rôle d'agents de police de la circulation des humeurs du corps de l'homme et des animaux. Dès qu'un élément étranger s'introduit dans cette circulation, ils se réunissent en grand nombre autour de lui, l'emprisonnent et cherchent tout d'abord à l'étouffer, le manger et le digérer, en un mot à le faire disparaître, ce à quoi ils arrivent souvent dans le cas où il s'agit de microbes atténués (*bacillus anthracis*, etc.) ou appartenant à une maladie non ordinairement mortelle. Enfin, ils tendent à l'expulser lorsqu'il s'agit d'un corps étranger volumineux que les tissus ne réussissent pas à enkyster.

Je ne pense pas que cette théorie de l'immunité ait encore été présentée, et je la soumets au jugement de la critique scientifique avec l'assurance qu'un jour on en reconnaîtra la justesse.

* * *

Cette digression sur la vie cellulaire me semble indispensable pour donner une idée vraie de la nature de l'homme et de ses éléments constitutifs. Elle reste intimement contingente à la nature des choses dont je fais en ce moment un essai d'analyse. Jetons encore un coup d'œil sur cette question.

Un fait qui prouve que, dans les conditions ordinaires la mort animique, faisant suite à la mort intellectuelle, ne survient que progressivement, c'est la découverte de la greffe épidermique faite par mon ancien collègue des hôpitaux de Paris, le Dr Reverdin, de Genève. On sait en quoi consiste cette greffe? A la suite de larges pertes de substance, afin de favoriser le développement d'une surface de revêtement, en un mot pour remplacer l'épiderme détruit, on enlève, sur d'autres points du corps, des parcelles épidermiques que l'on *transplante* sur la plaie en voie de cicatrisation. Ces « greffes « continuent à vivre là où elles sont fixées, et se développent même à leur périphérie. Donc elles n'ont pas pas perdu la *vie* du moment qu'elles ont été séparées du corps. Il y a plus, on peut enlever des fragments d'épiderme et même de larges pièces de peau sur le cadavre plusieurs heures après la mort et voir les élements anatomiques de ces organes continuer à vivre sur le vivant où ils ont été greffés ou suturés. Donc, *malgré la mort, ils n'étaient pas morts.* C'est aujourd'hui un fait en quelque sorte banal dont on a varié déjà non seulement les applications, mais aussi les essais à un point de vue purement expérimental. Ainsi on a greffé de la peau de blanc sur des nègres, et *vice versa*. Le résultat a été que tout d'abord la peau empruntée a conservé pour un temps sa couleur primitive, mais que graduellement elle s'est mise au même ton que les téguments de son nouveau « propriétaire ».

Tous ceux qui ont fait des autopsies peu de temps après la mort (en période d'épidémie de choléra ou de fièvre jaune par exemple) ont pu remarquer que les muscles sectionnés se contractent sous le scalpel, exactement comme sur le vivant au cours d'une amputation : la mort animique n'a pas encore atteint la cellule musculaire. Il en est de même chez les animaux. La galvanisation des suppliciés, dont on fait grimacer le visage et contordre les membres comme ceux des fantoches, prouve encore que la matière organisée conserve la *viè* qui l'*anime* et qu'elle est encore excitable : l'*excitateur* seul est parti. Si l'on pouvait établir une circulation et une respiration artificielles dans le corps d'un supplicié dont l'intelligence serait définitivement séparée du corps, peut-être pourrait-on obtenir une sorte d'automate pouvant continuer à vivre animiquement pendant un certain temps, quoique mort intellectuellement pour toujours.

La greffe de Reverdin prouve que les cellules épithéliales continuent à vivre et même à se développer quand elles sont transportées sur un milieu vivant. Un fait que j'ai observé à la Havane (au cours de la mission pour l'étude de la fièvre jaune que m'avait confiée le gouvernement français) me semble indiquer que certaines cellules du corps humain peuvent se multiplier dans des milieux appropriés *non vivants*, comme par exemple, l'agar-agar ou gélose nutritive qui sert à cultiver les microbes. Ainsi, dans un cas de fièvre jaune, deux heures après la mort, le 23 décembre 1887, j'ai recueilli de l'urine à travers les parois de la vessie récemment mises à nu et au niveau d'un point cautérisé au fer rouge. Je fis la ponction à l'aide d'un tube de verre effilé (pipette Pasteur), mais un peu large. Avec l'extrémité brisée et irrégulière de mon tube passé au préalable dans la flamme d'une lampe à alcool, je grattai légèrement la paroi interne du viscère et j'aspirai une petite quantité de liquide. Le tube fut fermé à la lampe, et une demi-heure après son contenu fut « ensemencé » dans de la gélose liquéfiée et neutre, répandue dans des verres de montre plats et bien abrités dans des godets de porcelaine (1).

Aucune « colonie » de microbes ne se montra; mais j'eus l'agréable surprise, au bout de quelques jours, de voir paraître, dans le milieu transparent de la gélose, une certaine quantité de pellicules blanchâtres et irrégulières qui augmentèrent de volume chaque jour. J'examinai ces petites masses au microscope : elles étaient formées de corpuscules plats irréguliers munis d'un noyau et ressemblant complètement aux cellules endothéliales de la muqueuse vésicale. Je les observai pendant plusieurs semaines, et leur développement ne fut arrêté que par la dessiccation de la gélose, et l'envahissement des plaques de « culture » par des micro-organismes de l'air. Comme à ce moment j'étais fort occupé par mes investigations sur le *vomito negro*, je n'eus pas

(1) Procédé décrit par l'auteur dans une communication à l'Académie de médecine de Paris, 1888.

le temps de poursuivre l'étude d'un fait aussi intéressant. Depuis, je n'ai pu faire de nouveaux essais qu'à deux reprises différentes : une fois sur l'animal, une autre fois sur l'homme, mais sans succès. La composition du milieu de culture doit jouer un rôle important dans cette question. Quoi qu'il en soit, je ne doute pas que j'aie assisté à la multiplication et au développement hors du corps humain de cellules en ayant fait partie, et, si les circonstances me le permettent, je ne renonce pas à faire la démonstration de ce curieux phénomène de cellules animales croissant dans un milieu inerte.

* * *

Avant de terminer cette troisième partie, je pense qu'il ne sera pas superflu d'insister un instant encore sur ce qui, à mes yeux, constitue la preuve de la persistance de la conscience de l'Être après la destruction de son corps.

Évidemment, comme je ne me suis pas proposé, ainsi que je l'ai déjà dit, en écrivant cet essai, de relater de nouvelles expériences, je ne puis que renvoyer le lecteur à celles que j'ai fait connaître antérieurement : s'il admet les recherches de Crookes et les miennes comme étant de nature à appeler une sérieuse attention, il y trouvera un encouragement à étudier la question. Et après la lecture des principaux livres modernes écrits sur le sujet, s'il cherche à se rendre compte des faits par lui-même, en se mettant, bien entendu, dans les meilleures conditions d'observation, il aura vite fait de se convaincre que je n'ai rien avancé de trop, et même que je suis resté bien en deçà de la réalité. *Et sa conviction augmentera d'autant plus que ses investigations seront plus sérieuses et plus souvent répétées.* C'est (ainsi qu'on l'a fait remarquer) le contraire de ce qui se passe quand il s'agit d'une illusion.

*
* *

Ainsi donc, après sa mort, l'homme « se retrouve » en ce que j'appelle *l'après-vie*, dans un état qui n'est sans doute que son état normal : celui dans lequel nous vivons en ce moment n'étant que transitoire (je ne dis pas sans but).

Les expériences dont j'ai parlé ne sont pas les seuls

faits qui concourent à démontrer l'existence de cette grande vérité. Ainsi, j'ai cité, plus haut, l'ouvrage récent intitulé *Phantasma of the living :* dans ce livre, écrit par des savants distingués, on trouve une foule d'observations de gens qui sont apparus soit pendant leur sommeil (naturel ou hypnotique), soit au moment de leur mort à des parents ou à des amis éloignés, et il est impossible de ne pas admettre qu'il s'agisse là d'autre chose que d'une collection d'accidents fortuits se répétant sans cesse.

Je soumets l'observation suivante à M. Myers et à ses collaborateurs pour la prochaine édition de leur intéressant travail.

Ce fait m'a été communiqué par M. Lemerle, capitaine commandant sur les paquebots de la Compagnie Générale transatlantique. Après m'avoir fait ce récit de vive voix sur le steamer *La Fayette* pendant l'un de mes voyages aux Antilles, en 1888, le commandant Lemerle me le confirma, à deux reprises différentes, par lettres : une première fois le 2 octobre 1888, et dans une deuxième lettre en date du 20 décembre de la même année, à la suite d'une visite qu'il fit à son père, acteur principal de l'observation que je vais relater.

M. Lemerle père est également un marin. Capitaine au long cours en 1870, il commandait un brick et revenait de Carrare avec un chargement de marbre à destination de Rouen.

Le brick longeait lentement les côtes du Portugal par une mer assez forte, lorsque tout à coup le jour, se trouvant sur le pont de son navire, M. Lemerle père vit à son côté, son frère, marin aussi et capitaine au long cours. Ce frère n'était, paraît-il, pas en très bons termes avec lui. Il devait naviguer quelque part à ce moment là : c'est tout ce qu'il savait à son sujet.

Le brave marin, qui ne pensait aucunement à son frère à cet instant, quoique n'ayant jamais éprouvé rien de semblable dans sa vie, se rendit compte, de suite, qu'il s'agissait d'une « apparition ».

Cette apparition, du reste, se montra à lui pendant plusieurs jours, « soit qu'il fût sur le pont ou sur la dunette de son bâtiment ou dans sa chambre, et même à côté ou en face de lui à table. »

Je laisse la parole à M. Lemerle fils :

« Rendu très inquiet par cet événement, mon père fit relâche à Belle-Isle, d'où il télégraphia à ma mère, qui habitait Nantes, pour lui demander s'il n'y avait rien de nouveau à la maison.

« La réponse que rapporta le télégraphe fut qu'un

grand malheur était arrivé dans la famille. Mon oncle Toussaint, le frère de mon père, celui dont l'image lui était obstinément apparue quelques jours avant, venait d'être emporté par un coup de mer, en traversant l'Atlantique, sur un navire qu'il commandait.

« Ce fut la seule fois dans sa vie que mon père observa un semblable phénomène. »

Dans sa deuxième lettre, M. Lemerle, qui allait prendre un poste dans les Antilles, m'écrivit au sujet des questions que je l'avais prié d'adresser à son père sur différents points concernant l'apparition :

« ..... Avant de quitter la France, j'ai consulté mon père pour ce qui était de la vision qu'il m'avait conté avoir eue autrefois.

« Il n'y a absolument rien à changer à ce que je vous ai narré sur le paquebot *La Fayette*.

« Mon père n'a pu me définir exactement si l'ombre de son frère lui paraissait être palpable ou non; ses souvenirs, vu son âge fort avancé, lui font défaut.

« Agréez, etc.

« F. Lemerle,
Capitaine commandant de paquebots
à la Compagnie Générale transatlantique. »

On a donné dans ces dernières années aux apparitions de ce genre le nom impropre d'*Hallucinations véridiques*.

* * *

Je n'ajouterai que quelques lignes à ce trop long chapitre pour indiquer comment il se fait que les manifestations analogues à celle qui précède ont lieu surtout au moment de la mort. Selon la théorie que je déduis de mes observations, cela tient à ce que, à ce moment, l'intelligence peut disposer, pour se rendre visible, d'une certaine quantité de l'énergie animique libre qui s'échappe peu à peu du corps, après ce que j'ai nommé la mort intellectuelle. Je crains bien de n'être pas compris de tout le monde, mais je le serai mieux dans quelques années.

D'autre part, ces faits sont plutôt observés dans certaines contrées que dans d'autres. Cela dépend de deux causes principales. En premier lieu, certaines races, les Écossais, les Suédois, par exemple, sont plus particulièrement prédisposés aux phénomènes de « double-vue », d'abmatérialisation de la force animique, etc. Outre l'influence de race, peut-être y a-t-il un effet dû à l'action magnétique de la contrée.

Une deuxième cause qui, suivant mon opinion, est des plus efficaces, peut résider dans ce fait qu'un individu mourant avec la conviction, ou mieux la connaissance qu'il ne fait que changer d'état, doit être moins troublé que l'ignorant. Il comprend beaucoup plus vite la nouvelle situation dans laquelle il se trouve et peut mieux, au moment de la mort, se servir de la partie d'énergie animique qu'il ne doit pas garder pour en former une image visible à sa ressemblance (se revêtir d'énergie matérialisée ou matérialisante), ou peut-être produire une sorte d'état de fascination sur les sens de ceux qu'il veut avertir de sa mort. Or, ces faits s'observent principalement dans les endroits où dominent les idées spiritualistes, sous quelque forme que ce soit d'ailleurs.

On saura, du reste, plus tard, que souvent ces formes ne sont pas l'intelligence même des personnes auxquelles elles ressemblent, mais seulement l'image, l'idole, comme disaient les anciens (εἴδωλον), la coque de ces personnes.

Au moyen âge, on a observé également nombre de

faits curieux que les chroniqueurs et les procès de sorcellerie nous ont transmis. En faisant la part qui doit, sans aucun doute, être réservée à l'erreur, l'exagération, et les hallucinations dues à la superstition, il reste encore bon nombre de phénomènes inexplicables pouvant être mis sur le compte de la vie misérable que menaient dans ce temps-là toutes ces malheureuses victimes de l'ignorance et du fanatisme apeurés. Cet état de misère physique et morale avait une grande influence sur la constitution de ces êtres dégradés et les rendait presque tous plus ou moins aptes à la médiumnité.

Il y a un fait historique qu'on ne saurait mettre complètement à part des précédents et qui demande encore une explication de la Science vulgaire : c'est l'épopée touchante de la « Pucelle d'Orléans », l'héroïque Jeanne d'Arc.

* * *

Je désirerais ne pas sortir des bornes d'un calme exposé scientifique; néanmoins je ne puis m'empêcher d'écrire, en terminant, que l'Humanité verra grandir sa reconnaissance envers la Science le jour où celle-ci, se prononçant en connaissance de cause, pourra dire à l'homme : « Hermès mourant avait raison quand, les yeux déjà troublés par la vue de l'Eternité dont le voile s'abaissait devant lui, il proférait ces paroles :

« Jusqu'à ce jour, j'ai vécu exilé de ma véritable patrie ; j'y retourne : ne me pleurez pas ; je regagne la céleste demeure où chacun de vous se rendra à son tour : là est Dieu. Cette vie n'est qu'une mort. »

(CHALCIDIUS, in *Timaœum*.)

QUATRIÈME PARTIE

INFLUENCE DE LA SCIENCE FUTURE

SUR LES RELIGIONS

LES PHILOSOPHIES, LES SCIENCES, LES ARTS, ETC.

CHAPITRE PREMIER

SOMMAIRE : Troubles et Révolutions que les nouvelles données de la Science vont causer dans les différentes branches de « l'Intellectuel humain ». — Perturbations dans les opinions religieuses. — Le Grand Pan est mort ! Vive le Grand Pan ! — Religion nouvelle. — Cycle des religions ou Cycle de la Religion-Science. — Troubles dans les Sciences, la Médecine, la Biologie. — Les Arts, et surtout la Littérature, commencent à sentir l'influence de la « Science de tout à l'heure ». — La légende des pierres. — Coup d'œil retrospectif synthétique. — Manière d'être du Sage. — Fin.

Le lecteur ne doit pas s'attendre à trouver dans les quelques pages qui vont suivre un développement complet du sujet tel que pourrait le faire espérer, peut-être, le titre de cette quatrième partie. A mon avis, il faudrait un volume entier pour donner une idée juste des changements révolutionnaires qu'amèneront, dans les objets du culte religieux ou intellectuel de l'homme, les découvertes d'hier et de demain de la Science nouvelle.

Comme on le pense bien, ce n'est pas sans provoquer un mouvement immense dans les différentes branches de l'intellectuel humain que les faits dont j'ai parlé vont être étudiés comme ils ne l'ont peut-être jamais été et portés à la connaissance du public. C'est qu'aujourd'hui il est impossible de concéler quoi que ce soit pendant longtemps : la Presse est là aux aguets, et rien ne peut se dire dans une « Société » sans être lancé aussitôt aux quatre vents du ciel.

Et d'abord les mêmes dangers n'existent plus qui faisaient tenir secrets les travaux exécutés dans les laboratoires des temples antiques. La foule est toujours foule, mais elle s'est amendée, et chaque jour devient moins stupide et moins mauvaise : elle suit la loi de progression lente mais indéfinie à laquelle tout obéit, ainsi que l'histoire, pourtant si courte, nous l'enseigne.

Oh ! nous savons tous par expérience que cela ne se fera pas sans luttes ; mais déjà il y en eut de nombreuses, et un revirement s'est opéré : la plus grande partie de la jeune génération n'ayant pas les raisons d'opposition qu'ont ses anciennes envisage sans répugnance ces « nouveautés » au sujet desquelles elle n'a pas encore appris qu'elle dût s'étonner.

En premier lieu, si nous cherchons à prévoir ce

qui se passera dans les différents camps religieux qui divisent le monde civilisé, il est facile de nous faire une idée du trouble qu'y jettera tout d'abord la vulgarisation de ces anciennes données sanctionnées par la méthode expérimentale moderne.

Dès le commencement, on verra des prêtres, des pasteurs, des ministres et des évêques, hommes honnêtes et de bonne foi, sortir des rangs de leur clergé en déclarant que leur honnêteté leur interdit d'enseigner des choses auxquelles ils ne peuvent plus croire... (1)

D'autres (2) adjureront le Pontife de Rome de se mettre à la tête d'un mouvement de réforme dans laquelle entreraient toutes les sectes chrétiennes et toutes les Églises schismatiques. « Ce serait, diront-ils, le règne de Dieu qui commencerait enfin. L'Église, divisée depuis le commencement, après avoir été impuissante, malgré les bûchers et les chevalets sanglants, à réprimer les centaines d'hérésies qui ont déchiré son sein, l'Église trouverait son salut dans la Science. »

(1) C'est ce qui se produit déjà : sans parler de l'Europe, on en voit de nombreux exemples en Amérique. — Voir *New-York Herald*, 25 avril 1889, un article intitulé « The Self-Confessed heretic. »

(2) Comme l'abbé Roca, chanoine honoraire, qu'on s'est empressé d'interdire.

Car la Science montrera, après tout, que si les symboles diffèrent, tous les ésotérismes se ressemblent, et qu'au fond il n'y a qu'une religion.

Mais il est bien difficile de bâtir un bel et solide édifice avec de vieux matériaux provenant de ruines à demi consumées.

La grande majorité des clercs d'église, par ignorance ou par cupidité, criera que le jour de l'Antéchrist, annoncé dans les Écritures, est arrivé, et que toutes ces inventions des savants ne sont autre chose que des manifestations de la puissance infernale du Prince des Ténèbres. Et tous, grands et petits pontifes, s'entêteront et se cacheront le chef derrière leurs symboles incompris pour ne pas voir la vérité, la simple et imposante vérité. Et ne la voyant, il crieront qu'elle n'est pas.....!

Elle n'est, en effet, pas près de s'éteindre la race de ceux qui veulent obliger l'homme mûr à marcher dans les souliers de l'enfant en imposant aujourd'hui à sa raison révoltée les enseignements de siècles à jamais disparus! C'est qu'il est bien difficile, ainsi que je l'ai écrit ailleurs, d'éradiquer de nos esprits « les erreurs qui se sont infiltrées dans nos veines en même temps que les sucs du lait maternel. » Car ainsi que le dit Dryden :

Nombre d'entre nous ont été égarés par leur éducation :
Nous croyons ce qu'on a voulu nous enseigner;
Le prêtre continue l'œuvre de notre nourrice,
Et c'est ainsi que l'enfant se retrouve dans l'homme fait (1).

Mais la grande voix qui, dit-on, se fit entendre jadis en criant : « Le Grand Pan est mort! » la même grande voix proférera ces mots mille fois répercutés par tous les échos de la terre : « Vive le grand Pan! » Car une nouvelle religion va s'élever. On reconnaîtra ses adeptes à ceci : ils ne vociféreront « anathème! » contre personne. Ils diront au contraire : « Hors de notre Église, il y aurait du salut quand même si on pouvait se mettre en dehors d'Elle. Mais cela n'est pas possible, car elle s'appelle le Monde et, à ce titre, est vraiment universelle; elle est l'Église de Pan, l'Église du Grand Tout.

Ils ne chercheront à *convertir* personne, mais ils *convaincront* tout le monde, chacun en son temps,

(1) By education most have been misled;
So we believe because so we vere bred.
The priest continues what the nurse began,
And thus the boy imposes on the man.

car, ainsi que nous l'avons vu plus haut, les hommes finissent toujours par tomber d'accord sur les choses qu'il peuvent soumettre à l'examen des sens, s'ils sont aidés surtout des instruments de la science moderne qui, eux, du moins, n'ont pas d'opinion préconçue.

Ils enseigneront que nous devons tout soumettre au jugement de notre raison et ne rien accepter sans examen. Ils défendront de *croire* et conseilleront d'apprendre pour *savoir*.

Ils n'assigneront pas de bornes au possible de connaître, et des *positivistes* ils feront ainsi des *progressistes*.

Ils nediront pas aux hommes : « Aimez-vous les uns les autres, » mais bien : « Aimez-vous vous-mêmes. Mais apprenez que vous ne saurez vous aimer vous-mêmes si vous n'aimez les autres autant et plus que vous. » Ce qui, algébriquement, se rendra par cette formule : « *L'altruisme c'est l'égoïsme vrai.* »

Ils apprendront aux sociétés qu'elles ne sauraient avoir qu'une vie éphémère et troublée si elles ne prennent pour modèle de leur organisation celle du corps de l'homme, fait lui-même à l'image du Monde. Et ainsi finiront les guerres fratricides entre les membres d'une même nation.

Ils apprendront aux peuples qu'ils ne pourront avoir d'existence prospère et durable qu'à la condition de vivre avec les autres groupes humains comme les membres d'une famille heureuse entre eux. Et ainsi prendront fin les guerres homicides entre les nations qui sont les membres de la famille humaine.

Ils démontreront par A + B à ceux dont le cœur est dur, froid et égoïste que *leur propre intérêt* leur commande d'agir comme s'ils étaient bons ; car la misère du pauvre distille un fiel amer et virulent qui filtre jusqu'à la coupe du riche et contamine les veines de ses enfants.

Il n'y aura, prouveront-ils, ni jouissance ni civilisation vraie *tant qu'il existera un mendiant ou un soldat* parmi vous.

Leurs conciles n'auront d'autre *Credo* que les données de la méthode expérimentale. Leur culte sera celui du progrès humain vers la non-souffrance, et ils gagneront le monde sublunaire à leur Synarchie fraternelle.

Et ainsi se terminera un cycle de plus : le cycle des religions. Au commencement des sociétés humaines, en effet, la religion se confond, rudimentaire et fétichiste, avec la science de l'homme, enfantine et sans principes. Plus tard, à mesure que la Science se développe, elle s'écarte de la religion primitive. Mais la science avance, et quand elle touche à son zénith, elle se confond de nouveau avec la religion, c'est-à-dire qu'elle est elle-même la religion (1). Mais combien différentes sont les choses : au début l'illusion, l'ignorance; à l'apogée la claire et éclatante vérité préparant l'ère de la fraternité vraie.

Utopies? Certes, aujourd'hui que l'anarchie règne partout : anarchie dans les idées religieuses et philosophiques, dans les idées politiques et sociales, anarchie dans les nations et entre les nations ; toutes parts anarchie.

(1) C'est ce que je suis accoutumé de figurer dans le présent diagramme :

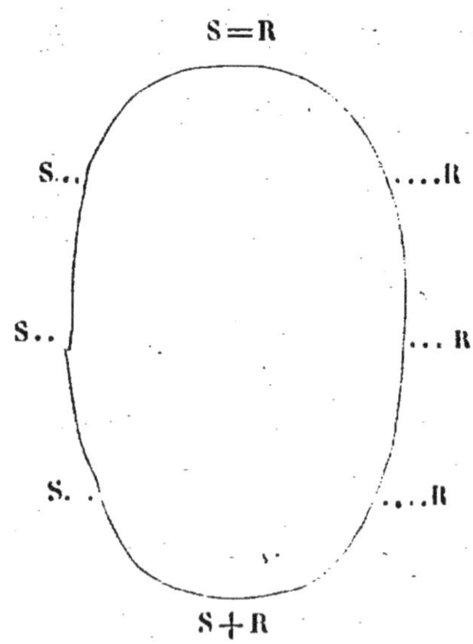

Les peuples, à la fin de ce XIXe siècle, ont fait des accumulations colossales d'énergie homicide sous forme d'engins perfectionnés (ô barbarie scientifique!), et une étincelle va faire éclater tout. Un effrayant cataclysme de fer, de feu et de sang surplombe l'Europe, et la folie du carnage gagne toute la surface de la terre, tandis que la force, l'intelligence et l'or dépensés pour s'entre-égorger et semer le malheur et les larmes pourraient sans aucun doute créer une moyenne de bonheur terrestre parfaitement satisfaisante, tant sur le plan matériel que sur le plan moral. Donc il n'est pas encore venu le jour du triomphe de la Justice fraternelle, et rien ne semble l'annoncer aujourd'hui que les peuples voient rouge ; mais quand l'ouragan sera passé, quand ceux qui survivront auront ouvert les yeux, le mal engendrera le bien.

* * *

Après ce qui vient d'être dit, est-il nécessaire de montrer quel coup de barre le gouvernail de la philosophie reçoit sous l'élan de la science nouvelle ? Je ne le pense pas. On conçoit très bien que, aidée des connaissances positives que nous allons pouvoir acquérir en psychologie, la philosophie pourra faire un grand pas en avant, car les bornes de ce qu'il est possible de connaître sont déjà considérablement reculées, pour un certain nombre d'entre nous tout au moins.

Je n'insisterai pas davantage sur les changements que je prévois dans les sciences.

L'influence de la nouvelle science s'est encore peu fait sentir sur les arts proprement dits, mais la littérature est déjà encombrée de productions où le talent ne manque pas toujours, dont les sujets sont inspirés par elle; ce qui fait le plus souvent défaut à leurs auteurs c'est la connaissance réelle, et parfois la sincérité.

Un art qui tend de plus en plus à devenir une science : la médecine, va recevoir une impulsion extraordinaire quand des laboratoires seront institués pour les recherches psychologiques, car il y a des laboratoires à créer dont les travaux, dont les découvertes auront des conséquences telles qu'aucune des sciences actuelles ne peut en donner une idée : ce sont les laboratoires, c'est l'Institut de la future science. Ceux qui se dévoueront à ces études, *en sages*, se couvriront de gloire; leur nom ira plus loin dans le temps, à la postérité, qu'aucun nom des savants actuels.

La nation qui la première encouragera les investigations de cette science marquera son passage d'un sillon lumineux dans l'histoir des peuples...

* * *

Mon intention première était de donner, au moyen d'observations et d'exemples récents, une idée de l'influence considérable qu'auront sur l'art de guérir les études dont il s'agit ; mais au dernier moment j'ai reculé. Et malgré l'audace et le succès de Brown-Sequard, qui vient d'inventer ou de retrouver la liqueur de Jouvence, je m'arrête pour ne pas compromettre ce qui déjà commence à être admis.

Mais qu'on ne l'oublie pas : dans certaines branches de la biologie et conséquemment de la médecine, tout sera à refaire sur un plan nouveau...

* * *

Si, au moment où il arrive à la fin de ce petit volume, le lecteur m'objectait que son contenu ne satisfait pas complètement l'espoir qu'avait fait naître le titre qui le recouvre, je répondrais qu'il n'y a pas entièrement de ma faute. Je l'ai laissé entendre plus d'une fois dans les pages qui précèdent : il ne m'est pas permis de tout dire, et cela pour plusieurs causes. Si invraisemblables que paraissent certaines choses avancées dans cet ouvrage,

> Le vrai peut quelquefois n'être pas vraisemblable,

elles ne sont cependant pas si « extraordinaires » que d'autres passées avec intention sous silence. C'est pour ne pas compromettre le tout que je n'ai parlé que d'une partie.

D'autre part, de grandes et simples vérités ne doivent pas encore être dévoilées : par respect pour elles-mêmes ; elles ne doivent pas être exposées aux risées de la foule ignorante et puérilement présomptueuse dont les sarcasmes ont fait mourir Copernic de chagrin, de la foule qui a bafoué Franklin à ses débuts et ridiculisé Galvani en l'appelant « maître de danse des grenouilles », *y muchos otros*. Je ne parle pas des génies bienfaisants qu'on a torturés ou laissé mourir de faim :

> Quitte après un long examen
> A leur dresser une statue
> Pour la gloire du genre humain.

Donc, que l'on s'en prenne au siècle, si je ne fais aucune mention des origines de la vie sur les planètes en général et sur la terre en particulier, non plus que de la loi d'évolution que Lamarck, Darwin, R. Wallace ont entrevue *sous l'une de ses faces;* non plus que du rôle de l'intelligence chez les animaux. Ce sont des questions qui trouveront leur examen en temps voulu.

* * *

Quelques lecteurs se feront aussi, peut-être, cette réflexion : « Mais, enfin, à quoi nous sert de lutter et de souffrir sur cette terre, dans cette enveloppe matérielle, si réellement nous pouvons exister sans elle? »

Je regrette de ne pouvoir donner satisfaction sur ce point, car, ici encore, je suis retenu par la réserve « qui me lie ». Je me hasarderai toutefois à user de la « parabole ». Et comme c'est une question dont je m'occupe dans un autre travail que je publierai peut-être un jour, je vais prendre la liberté de me citer moi-même et extraire une « légende » de l'ouvrage auquel je fais allusion.

La légende des pierres.

Il fut un temps où les hommes les plus instruits de leur époque croyaient que seul, parmi les êtres, l'homme sent. Depuis, on a reconnu dans quelle erreur ils étaient tombés; mais on ne va pas jusqu'au bout : la matière, toute la matière est sensible. L'hylozoïsme est une théorie exacte et vraie : par exemple, tous les corps, sans exception, sentent le chaud et le froid et nous le montrent..... L'Éther, c'est-à-dire la vie est partout.

Donc, un jour (c'était au temps où les pierres parlaient) une pierre obscure et informe contait ses peines à l'une de ses pareilles et lui disait : « Un être, qui s'intitule le roi de la Création, s'arroge le droit de nous frapper, moi et les miens, et de nous meurtrir à coups d'un instrument dur et tranchant. Il nous brise, nous dépouille du meilleur de nous-mêmes et n'aura, je le crains, de relâche que lorsqu'il nous aura réduits au néant. »

L'autre lui répondait : « Vos malheurs ne sont rien comparés aux nôtres : sachez donc que ce roi barbare, ce dieu sans entrailles, l'homme, puisqu'il faut l'appeler par son nom exécré, vint nous arracher au sein de la terre, où nous reposions bien tranquilles depuis un temps si lointain que nous en avons perdu le souvenir de notre origine. Il nous saisit avec ce même fer sous lequel vous gémissez, ma sœur. Mais, de plus, il nous jette dans des fournaises ardentes où notre sang se carbonise et se tourne en vapeurs, où nos os, calcinés d'abord, se fondent ensuite sous son souffle infernal. . . . . »

C'est ainsi que deux pierres informes et obscures exhalaient leurs plaintes dans le sein l'une de l'autre.

Mais à quelque temps de là, elles se rencontrèrent réunies sur la tête du « roi » qu'elles maudissaient, sur le front de ce dieu contre qui elles blasphémaient naguère. Elles se retrouvèrent, l'une sous la forme d'un cercle d'or étincelant, l'autre sous celle d'un diamant d'où jaillissaient mille feux. Et chacun les admirait.

Elles se dirent alors, un peu confuses : « Combien folles nous étions, ma sœur, de nous plaindre de notre sort ; au lieu de grossiers blocs de matière abrupte que nous fûmes, nous avons passé par tous les degrés de la perfection, et nous brillons aujourd'hui du plus vif éclat sur le front de notre maître qui nous unit à lui dans sa gloire ! »

* * *

Si nous jetons un coup d'œil sur ce qui précède, nous saisirons l'idée qui a guidé l'auteur dans cette « analyse des choses » dont nous allons essayer de rassembler les éléments en un court aperçu synthétique.

Comme en une sorte de vision rapide, l'auteur a voulu tout d'abord donner une idée de l'ensemble du Cosmos au début d'un cycle, puis montrer la constitution du cercle cosmique dans lequel un cercle concentrique analogue, l'homme, se trouve enfermé comme un noyau dans une cellule. Ne pouvant porter une main téméraire vers les profondeurs du Macrocosme, il n'a fait que risquer une timide comparaison entre ce dernier et l'homme, ce microcosme dont il a étudié la nature avec plus de détails et plus de possibilités.

L'auteur, enfin, s'est attaché à montrer que l'homme est composé d'un principe immédiatement périssable (la matière) qui n'est pas réellement *lui*, et d'un principe supérieur (l'intelligence) qui est son *moi* réel et survivant à la matière à laquelle il est momentanément uni et sur laquelle il agit au moyen d'un troisième principe (l'énergie) qui n'est pas plus lui-même que la matière. Et c'est pourquoi, lorsque la mort, qui est la séparation de ces trois principes fondamentaux, a lieu, elle s'accomplit en deux stades primitifs : 1° le stade intellectuel; 2° le stade animique, auxquels on pourrait ajouter le stade matériel, c'est-à-dire la transformation complète de la matière si celle-ci ne devenait pas, aussitôt après le départ de l'esprit, si indifférente à ce dernier.

Ce qui distingue la théorie esquissée dans cet ouvrage des théories animistes antérieures, c'est qu'elle présente l'homme comme un *tout* composé d'une foule de parties semi-autonomes. Chacune des cellules du corps humain a sa matière (corps), son énergie (âme) et son rudiment d'intelligence propre (esprit). Mais elles sont liées à la destinée du corps entier (nécessité), elles ont leur part de spontanéité (volonté), et l'homme raisonnable s'intéresse à leur bon fonctionnement (providence, *providere*). L'ensemble des cellules constitue l'homme, modèle réduit de l'Univers.

Signalons en passant ce fait que l'Énergie agit d'autant mieux sur la matière que celle-ci *s'organise* en combinaisons plus délicates, plus instables, plus éloignées en un mot de l'état minéral. Et que d'autre part l'Esprit agit sur l'Énergie lorsque celle-ci s'*animise*, c'est-à-dire se rapproche davantage d'un état voisin du sien propre.

En d'autres termes, la vie telle que nous l'observons se montre au point de convergence de trois principes. Ou, si l'on préfère : l'Esprit a *animisé* l'Énergie et *organisé* la Matière pour faire agir l'une sur l'autre et donner la vie à l'Être.

* * *

Je vais terminer, avec la conscience de n'avoir pas fait une œuvre complètement inutile. Je sais, en tout cas, qu'elle ne sera pas perdue pour tout le monde.

L'*homme est l'exécution d'une loi*. Son existence est une succession de tâches ; la mienne, pour cette fois, est accomplie.

La vie nous est donnée comme un cadre à remplir. Ce cadre entoure un espace plus ou moins grand ; nous pouvons, agissant dans la mesure de liberté que la Nécessité consent à notre Volonté, le laisser vide par la futilité de nos actions. Nous pouvons encore l'occuper par un tableau affreux ou mauvais ou seulement médiocre, comme il nous est donné aussi d'y mettre une peinture riante ou un chef-d'œuvre de grâce et de beauté que les générations futures admireront en y associant notre nom pendant une longue suite d'années.

L'auteur s'estimera heureux si le coin du tableau qu'il remplit avec le présent travail se hausse au niveau de l'intention qui l'a inspiré.

* * *

Au moment où il va jeter les yeux sur les dernières lignes de ces pages auxquelles il a peut-être trouvé quelque intérêt, je prie le lecteur de croire que je n'ai été guidé, en les écrivant, par aucun autre sentiment que celui de me rendre utile.

Je ne sais si les théories que j'ai émises et qui ne reposent pas directement sur l'expérimentation seront vérifiées, mais n'importe! Elles serviront peut-être à faire mieux.

N'importe! en ce qui me concerne, car, ainsi que je le disais, l'an dernier, à la Havane, après plusieurs mois d'études sur la fièvre jaune (1), et c'est

(1) Conférence aux médecins de la Havane, juin 1888.

sur ces pensées, dont j'espère m'inspirer toujours, que je veux conclure :

Le sage, qui cherche la vérité pour elle-même et pour le bien de tous, contemple les choses de haut. Il s'applique à les réduire à leurs proportions vraies en regard de l'immensité du Temps et de l'Espace.

Avec indifférence, il assiste à la ruine de ses propres théories, quand il est démontré qu'elles ne sauraient conduire à la voie du vrai; et c'est sans dépit qu'il cède la place à de meilleures.

Mesurant la valeur des réputations à la trace du bien qu'elles laissent après elles, il ne travaille pas pour une vaine renommée; car il ne peut ignorer que les gloires les plus éclatantes ont pour destinée de disparaître, oubliées et sans nom, dans l'Océan des Temps.

Il sent, il sait enfin qu'il n'est qu'une des cellules solidaires de cette grande personnalité collective qui a nom Humanité; et c'est pour elle qu'il lutte et souffre au besoin, insoucieux de la récompense.

FIN

TABLE DES MATIÈRES

PREMIÈRE PARTIE

Étude du Macrocosme.

CHAPITRE PREMIER

VUE D'ENSEMBLE SUR LES CHOSES

CHAPITRE II

DEUXIÈME PARTIE

Étude du Microcosme.

CHAPITRE PREMIER

CHAPITRE II

TROISIÈME PARTIE

Recherche du troisième élément de l'Univers et de l'homme.

Physiologie transcendantale.

CHAPITRE PREMIER

CHAPITRE II

CHAPITRE III

CHAPITRE IV

CHAPITRE V

CHAPITRE VI

CHAPITRE VII

QUATRIÈME PARTIE

Influence de la science future sur les religions, les philosophies, les sciences, les arts, etc.

CHAPITRE PREMIER

Paris. — Soc. d'imp. Paul Dupont (Cl.) 71.10.89

www.ingramcontent.com/pod-product-compliance
Ingram Content Group UK Ltd.
Pitfield, Milton Keynes, MK11 3LW, UK
UKHW031835260826
14628UKWH00001B/396

9 782019 722227